中国工程院重点咨询研究项目 2020-XZ-14

U0725394

中国
"站城融合发展"
论坛论文集

Proceedings of Research Forum for the
"Development of Station-City Synergy" in China

程泰宁　　　　主　编
郑　健　李晓江　　副主编

中国建筑工业出版社

图书在版编目（CIP）数据

中国"站城融合发展"论坛论文集 = Proceedings of Research Forum for the "Development of Station-City Synergy" in China / 程泰宁主编 . — 北京：中国建筑工业出版社，2021.5（2022.11重印） ISBN 978-7-112-26043-0

Ⅰ.①中…　Ⅱ.①程…　Ⅲ.①城市铁路—轨道交通—交通规划—中国—文集　Ⅳ.① U239. 5-53

中国版本图书馆 CIP 数据核字（2021）第 080465 号

责任编辑：陈　桦　王　惠
责任校对：芦欣甜

中国"站城融合发展"论坛论文集
Proceedings of Research Forum for the "Development of Station-City Synergy" in China

程泰宁　　　　主　编
郑　健　李晓江　副主编
*
中国建筑工业出版社出版、发行（北京海淀三里河路9号）
各地新华书店、建筑书店经销
北京雅盈中佳图文设计公司制版
北京中科印刷有限公司印刷
*
开本：787毫米×1092毫米　1/16　印张：10　字数：183千字
2021年6月第一版　2022年11月第三次印刷
定价：**59.00** 元
ISBN 978-7-112-26043-0
　　　　（37573）

论坛简介

2020年10月15日，中国"站城融合发展"战略研究论坛在杭州国际博览中心举行。论坛由中国交通运输协会、东南大学主办，中国工程院《中国"站城融合发展"战略研究》项目组、中国交通运输协会现代客运枢纽分会、中联筑境建筑设计有限公司、杭州市交通投资集团有限公司联合承办。来自国家铁路集团、部分省市的铁路和城市建设相关部门、高等院校、科研机构、城市规划与建筑设计单位、铁路系统勘察设计单位等部门和单位的领导和专家约400人出席本次论坛，围绕中国"站城融合发展"的相关问题进行研讨。

本次论坛结合中国工程院2020年度重点咨询研究项目《中国"站城融合发展"战略研究》举办。该项目由中国工程院土木、水利与建筑工程学部、工程管理学部的8名院士领衔，中国工程院院士、东南大学教授程泰宁担任组长，中国国家铁路集团总工程师郑健担任副组长，近百位专家学者参加，项目聚焦当下发展态势，跨越多行业多部门开展综合研究，将为我国"站城融合发展"提出战略性、前瞻性的对策和建议。

中国工程院土木、水利与建筑工程学部副主任任辉启院士、东南大学副校长丁辉、中国交通运输协会副会长张春枝、杭州市交通投资集团有限公司董事长章舜年在开幕式上致辞。

论坛主旨报告有：中国国家铁路集团有限公司总工程师郑健的《新时代站城融合协同发展创新与实践》和中国城市规划设计研究院原院长李晓江的《区域一体化与客流特征视角下的"站城融合"研究》。作为嘉宾先后在大会上演讲的还有：世界资源研究所中国可持续城市部门主任刘岱宗、同济大学建筑与城市规划学院教授庄宇、AECOM大中华区高级董事陈国欣、中联筑境建筑设计有限公司上海公司总建筑师于晨、华东建筑设计院副总建筑师付小飞、中国铁路经济规划研究院有限公司副院长陈东杰、中国铁路设计集团有限公司总建筑师周铁征、中铁第四勘察设计院集团有限公司副总建筑师盛晖、中铁二院工程集团有限责任公司副总工程师金旭炜等。各位专家学者分别从政策、规划、工程实践等不同角度分享各自关于"站城融合发展"的思考与最新研究成果，为我国下一阶段的城市与铁路枢纽建设提供思路与借鉴。

上午的论坛由东南大学建筑设计与理论研究中心副主任王静主持，下午的论坛由中联筑境建筑设计有限公司总建筑师薄宏涛、国家铁路局规划与标准研究院副院长党立主持。

在当前我国国土空间规划体系改革、铁路网络重构的关键时期，中国"站城融合发展"战略研究论坛紧扣主题，有针对性地开展了多维度的学术讨论。此次论坛的成功举办将为我国下一阶段的城市及铁路枢纽建设、新时期"站城融合发展"提供战略思考和实践借鉴。

前言

　　随着高铁网络的广泛覆盖，高铁车站建设与城市发展的关系日益密切。站城融合发展不仅有利于激发城市活力，也更加凸显了高铁建设在我国经济发展中的重要作用。为推动站城融合发展，2014 年国务院办公厅印发了《关于支持铁路建设实施土地综合开发的意见》，2018 年国家发展改革委员会、自然资源部、住房城乡建设部和中国铁路总公司等联合发布了《关于推进高铁站周边区域合理开发建设的指导意见》，明确了铁路车站周边区域采取综合开发与多种经营相结合的方式，希望提高铁路整体经济效益以及旅客服务水平，形成城市发展与铁路建设相互促进的局面。

　　"站城融合发展"的重要意义在于：它对城市发展和高铁建设所产生的相互促进的作用。对于城市发展而言，高铁站点的布局和定位对城市发展格局影响巨大，准确的规划与定位将有助于提升城市综合经济实力、节约土地资源、促进城市更新转型；对于铁路建设来讲，可以更为充分发挥铁路运力，促进高铁建设快速有效发展。如果进一步放眼正在规划的全国各个城市群，强调"站城融合发展"其意义和影响则更为深远。目前我国各大城市群之间的路网密度仍然远低于国外，因此，"站城融合发展"将是一个长期的命题，并存在极为深广的探索空间。因此，各级领导和规划师、建筑师需要以高定位、宽视野、大格局的思维来认识这一问题，并在规划设计实践中不断总结提高。

　　要做到高铁建设与城市建设相互"融合发展"，首先要注重规划与建筑理念的提升；同时，也要探索体制机制的创新，两者缺一不可。以此认识来分析目前已建成和正在建设的案例，应该说存在的问题不少，我认为，至少有以下几个方面的问题值得我们重点关注：

　　1. "站城融合"是一个复杂的巨系统。在城市规划和铁路枢纽规划中，整体性思维极其重要。大到高铁新站在枢纽和城市中的布点和选址，小至轨顶标高的确定，都需要从"站城融合发展"的理念出发，进行综合整体的思考。目前，在认识和实践层面上，尚有很大的提升空间。

2. "站城融合"是一种发展理念，不是一种"模式"。实际上，由于城市大小、客站规模、位置等多个因素的不同，"融合"的方式会有很大差异。因此，我不赞成提"站城一体"，也不看好 3.0、4.0 版的说法，这很容易误导。而根据不同情况因地制宜地研究并制定不同的规划建设方案，才能发挥"站城融合"的巨大优势。

3. 要有分析地吸收国外的经验。由于国情不同，我国的客流特点也与国外有异：旅客数量多、候车时间长，客流波动大、旅行经验少的客流特点，在一个相当长的历史时期内，仍然是我们在规划设计中必须考虑的一个重要因素。因此，我们绝不可视国外某些站为圭臬，必须结合自身的条件科学地吸取国外经验做好规划设计，不断探索创新。

4. "站城融合"一定要以科学、严密的可行性研究为基础。对城市交通条件，特别是综合开发的强度和业态，一定要有实事求是的评估。要吸取国内多个"高铁新城"的教训，如开发规模盲目求大、城市交通条件不能充分对接等，将会带来开发用房空置、土地资源浪费、运营管理难以适应等多方面弊病。这一问题是我们需要特别注意的。

5. 站房建筑综合体以及站场规模有"越来越大"的倾向，节地是一个亟需考虑的问题。应通过研究探索站房与站场的三维立体设计、站房建筑多业态立体综合的设计方法，达到站房建设集约高效的目标。

6. 对大型车站而言，"站城融合"带来了比过去车站更为复杂的建筑布局和流线组织。因此，需要有更清晰的空间导向，让高铁车站更具有交通建筑开放流畅的空间特征。在这方面有很大的创作空间。同时，要重视流线的细分和标识系统等细节问题，最大限度地方便旅客。

7. 要以动态发展的思维来思考"站城融合"。站房，特别是综合开发项目不是一次性可以建成的，国外有些大站是经过几十年甚至上百年的改扩建才达到我们目前看到的状况。因此，规划设计要有弹性，注意"留白"，避免盲目追求一次性建成看政绩的思想，这是近年来一些大站建设的通病，亟需加以改变。

8. 部门利益分割，是妨碍站城融合发展的根本原因，要探索创新一种机制，使有关各方的利益得到平衡，从某种角度讲，这是"站城融合"能否得到良性健康发展的关键。

"站城融合发展"的研究和实践尚在初步阶段，至今尚无较好的案例。但也因为如此，重视"站城融合发展"的理论研究和实践探索不仅非常必要，且有极大的探索空间。由于站城融合的动态发展特性，需要我们不断探索和创新。这也是它和其他公共建筑和交通建筑（如 TOD）最大的不同点。

针对"站城融合发展"相关问题，中国工程院于 2020 年立项开展了重点咨询研究项目《中国"站城融合发展"战略研究》。项目组结合研究，于2020 年 10 月在杭州举办了《中国"站城融合发展"战略研究》论坛，从政策、规划、工程实践等不同角度探讨"站城融合发展"的相关问题。我们征求了发言人的意见，将主要报告集结成书，希望论坛的交流探讨，能为我国新时期城市与铁路建设的融合发展提供思考与借鉴。

2021 年 4 月　于杭州

目录

新时代站城融合协同发展
—— 为城市发展提供新动能注入新活力

Station City Integration and Coordinated Development in The New Era
——Provide New Energy for Urban Development with New Vitality

郑 健

中国国家铁路集团有限公司；zhengjian@china-railway.com.cn

Zheng Jian

China State Railway Group Co., Ltd.

摘 要：党的十八大以来，中国铁路快速发展，"四纵四横"高铁网络提前建成，目前正在迈向新的"八纵八横"布局。新一代高速动车组复兴号以时速 350km 上线运行，一大批具有世界先进水平的标志性工程成为新时代的中国地标。中国高铁砥砺前行，创造着中国速度，彰显着中国力量，诠释着中国故事。铁路与工业革命相伴相生，与城市的发展紧密相连。过去，铁路拉来了城市，城市因铁路而生；如今，高铁改变了城市，城市因高铁而兴，高铁对促进城市经济社会的发展已不可同日而语，站城融合发展愈发重要。站城融合需坚持走适合中国国情、路情的发展之路，要因城而异、因地制宜、因势利导，要强化规划协同，发挥规划的引领作用，要坚持一体化设计统筹建设实施，要破除体制机制藩篱以改革创新激发市场活力。

关键词：新时代站城融合；中国高铁站发展；站城融合的机遇及挑战

Abstract：Over the past 15 years, China's railways have developed rapidly, and the "four vertical and four horizontal" high-speed railway network has been completed ahead of time, and is now moving towards "eight vertical and eight horizontal". Fuxing, a new generation of high-speed EMUs, has been put into operation at a speed of 350 km / h. a large number of landmark projects with world advanced level have become China's landmarks in the new era. China's high-speed rail is forging ahead, creating China's speed, highlighting China's strength and interpreting China's story. Railway and industrial revolution are accompanied by each other, and are closely linked with the development of cities. In the past, railways brought cities, and cities were born of railways. Now, high-speed rail has changed cities, and cities are thriving because of high-speed rail. High speed rail has become an important factor in promoting the economic and social development of cities, and the integrated development of stations and cities is becoming more and more important. The integration of stations and cities should adhere to the development road suitable for China's national conditions and road conditions, adapt measures to local conditions and guide the situation according to the situation, strengthen the coordination of planning, give full play to the leading role of planning, adhere to the integrated design and overall construction and implementation, break the barriers of system and mechanism, and stimulate market vitality through reform and innovation.

Keywords: New era station city integration; Development of High-speed railway stations in China; Opportunities and challenges of station city integration

1 高铁对城市发展的影响

2004 年 1 月，国务院批准了第一个铁路中长期规划。经过了 15 年的历程，中国高速铁路快速发展，"四纵四横"高铁网络提前建成，正在迈向"八纵八横"。新一代高速动车组复兴号以时速 350km 上线运行，一批具有世界先进水平的标志性工程成为新时代的中国地标。中国高铁砥砺前行，创造着中国速度，彰显着中国力量，诠释着中国故事。

高铁正在成为旅客运输的主力。一方面，高铁网络规模快速扩大，截止到 2019 年底，全国的路网总规模达到 13.5 万 km，其中高铁的里程达到 3.5 万 km，预计 2020 年底里程数将达到 3.8 万 km。另一方面，高铁动车组比重持续提升，全路最新运行图铺排的客车达到 9913 列，其中高铁动车组达到 7882 列，占比近 80%，是铁路客运的绝对主力，主要的铁路客站旅客发送量将不断地再创新高。

目前客站发送量排名，前三位始终是广州南站、上海虹桥站以及杭州东站，2019 年起杭州东站由第三跃升为第二，其他排名前十的车站没有变化（图 1）。另外，客站累计发送旅客运量持续快速增长，高铁客运占比稳定增长，截至 2020 年 8 月，高铁累计发送旅客突破 125 亿人次。2012 年高铁旅客发送量的比例大概占到客运的 20.5%，到去年年底占比达到 62.6%（图 2）。与此同时，我国也建造了一批高铁客站综合枢纽，截至 2019 年底已建成客站近 1500 座，其中高铁客站近 1000 座。

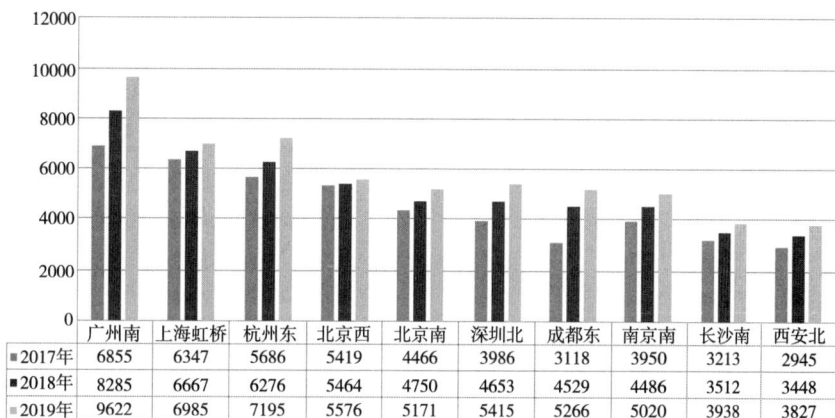

図 1　主要高铁客站旅客发送量（万人）
北京南、上海虹桥、广州南等高铁客站成为旅客运输的主力客站。

	广州南	上海虹桥	杭州东	北京西	北京南	深圳北	成都东	南京南	长沙南	西安北
2017年	6855	6347	5686	5419	4466	3986	3118	3950	3213	2945
2018年	8285	6667	6276	5464	4750	4653	4529	4486	3512	3448
2019年	9622	6985	7195	5576	5171	5415	5266	5020	3938	3827

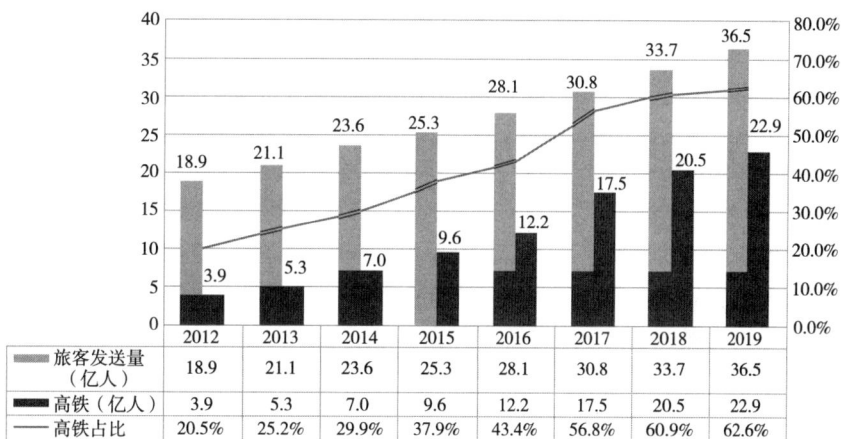

图 2　历年铁路客站旅客发送量（亿人）

	2012	2013	2014	2015	2016	2017	2018	2019
旅客发送量（亿人）	18.9	21.1	23.6	25.3	28.1	30.8	33.7	36.5
高铁（亿人）	3.9	5.3	7.0	9.6	12.2	17.5	20.5	22.9
高铁占比	20.5%	25.2%	29.9%	37.9%	43.4%	56.8%	60.9%	62.6%

　　我国高铁规模已居世界首位，截止到去年年底，中国高铁里程达到 3.5 万 km，占世界高铁里程 70% 以上，遥居世界第一。从历年数据变化可知，其他国家总体排名没有大的改变，只有西班牙后来居上，里程也仅为 3297km（图 3）。

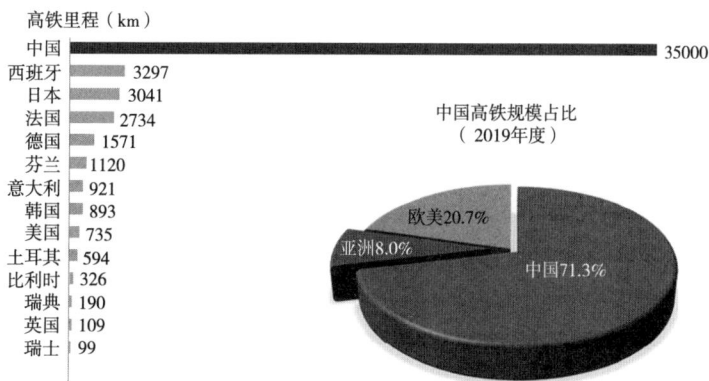

图 3　2019 年度中国高铁规模与占比

图 4 中国高铁五大优势

励精图治,中国高铁实现从无到有,从探索到突破,从制造到创造,从追赶到领跑的崛起,拥有了最完整的高铁技术体系,形成五大优势,总体技术水平已迈入世界先进行列,已成为引领世界铁路发展的重要力量(图4)。

铁路与工业革命相伴相生,与城市的发展紧密相连。过去,铁路拉来了城市,城市因铁路而生;如今,高铁改变了城市,城市因高铁而兴。高铁对促进城市经济社会的发展已不可同日而语。高铁除在工程技术方面的成就,其对经济社会乃至城市发展最显著最直观的影响,主要体现在以下方面:

一是缩短城市间时空距离。高铁建设成网,实现了主要城市群内0.5~2小时便捷通勤,相邻大中城市1~4小时快速通达,大部分省会城市之间2~8小时高效连通(图5)。

二是密切区域间城市群联系。高铁正在构建经济发展新版图,高铁经济已成为国家发展的新引擎。"四纵四横"高铁网成为连接四大经济板块的钢铁脊梁,主要大城市实现互联互通,串起了城市间新型城镇带、黄金旅游带、产业聚集带、经济繁荣带。京津冀、长三角、粤港澳大湾区等城市群联系更加紧密,优化了经济资源配置格局,助推了城镇化进程,提升了城市综合经济竞争力。

三是改善旅客出行的品质。高铁时代开启了美好新生活,带来了文化艺术的客站建筑、温馨舒适的候车环境、多样方便的购票方式、人性化的站车服务、智能化的服务设备、快乐的旅行感受。快捷舒适的旅行让归乡之路不再遥远,

图 5 高铁运营前后城市间时空距离对比

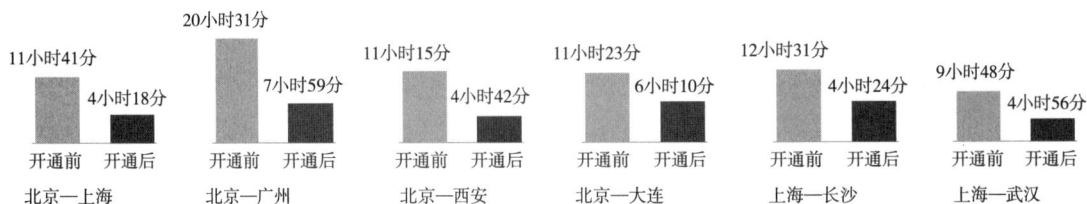

11小时41分	20小时31分	11小时15分	11小时23分	12小时31分	9小时48分
4小时18分	7小时59分	4小时42分	6小时10分	4小时24分	4小时56分
开通前 开通后	开通前 开通后	开通前 开通后	开通前 开通后	开通前 开通后	开通前 开通后
北京—上海	北京—广州	北京—西安	北京—大连	上海—长沙	上海—武汉

安全正点的公交化运营让异地同城梦想成真，高铁提升了百姓生活品质，维护了旅客出行尊严。

四是拉动文化旅游产业井喷。高铁网络建设扩大了区域可达性、串联性，促进了旅游稀缺资源、独特资源开发，激活了偏远地区旅游市场的开发利用，更有效助力了扶贫攻坚和美丽乡村建设。

五是推动形成新型城市群。高铁优化城市群空间布局,促使城市间空间引力、空间袭夺和空间紧凑度不断提升；高铁密切城市群内在联系，使城市群之间资源配置更加优化，产业分工更加明确，内在联系更加紧密；高铁提升百姓生活质量，拓展了百姓生活半径，催生出新的生活方式和生活理念。

六是打造轨道上的都市圈。引导城市群、都市圈城际铁路、市域铁路的建设，构建起便捷高效的轨道交通，有效连接城市群、都市圈的中心城与其他城市，满足人民日益增长的出行需求，支撑和引领新型城镇化的发展。

七是提升城市区位优势。高铁客站是城市的交通枢纽中心，良好的交通条件及营商环境使得高铁新区成为城市的重点开发地段和经济发展重心。大型高铁客站枢纽如上海虹桥站、广州南站等周边区域已经成为城市交通最为便利、最具人气和活力、发展最快的地区（图6）。

八是引导城市扩展发展空间。高铁的引入和高铁客站的建设，优化了城市空间布局，带动了城市的扩容提质；拓展了城市发展空间，实现了城市的平衡发展；促进了城市土地增值、产业集聚、劳动就业。

九是提升城市综合经济竞争力。高铁，特别是高铁客站显著改善了城市基础设施质量，促进了城市间经济要素的高效流动，提升了城市产业和空间的组织效率。中国社会科学院2015年发布城市竞争力蓝皮书，研究显示通高铁

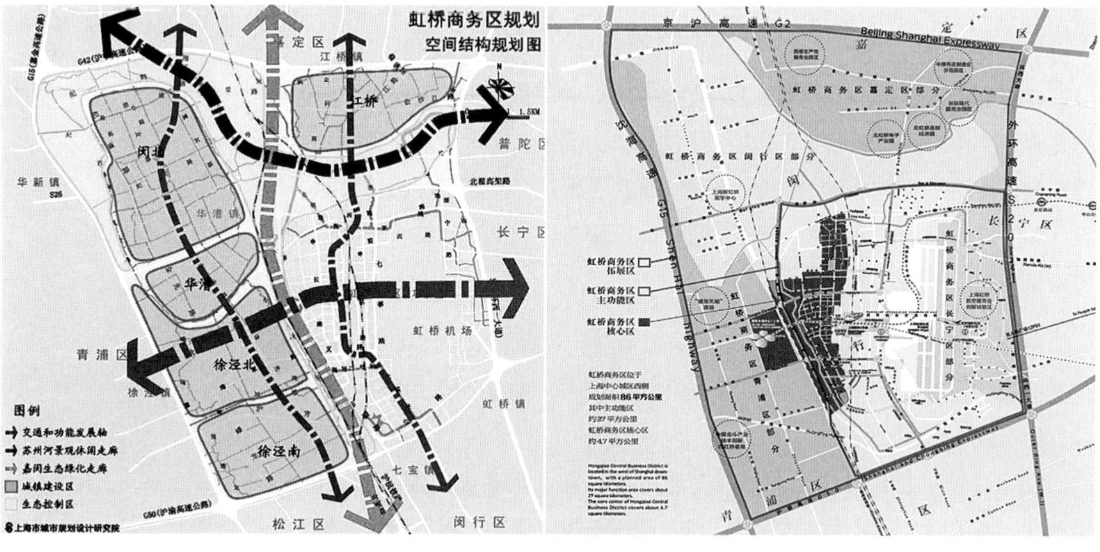

图6 虹桥枢纽区域空间结构

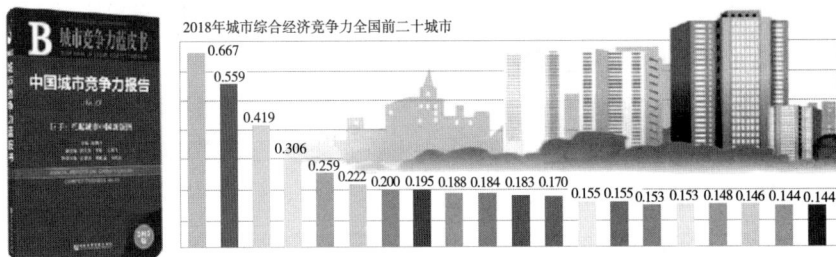

2018年城市综合经济竞争力全国前二十城市

0.667 0.559 0.419 0.306 0.259 0.222 0.200 0.195 0.188 0.184 0.183 0.170 0.155 0.155 0.153 0.153 0.148 0.146 0.144 0.144

图7　城市竞争力排名

城市与不通高铁城市相比，综合经济竞争力高出 71.15%，可持续竞争力高出 56.91%（图7）。

《坐着高铁看中国》成为当年中秋和国庆的网红节目，很多金句让人感同身受："看见万家灯火，看见蒸蒸日上的百姓生活"；"看见城市巨变，看见时代变迁中的日新月异"；"看见山河无恙，看见防疫常态化下经济复苏"；"看见中国奇迹，看见奋斗中实现家国梦圆"。中国的高铁见证了人民幸福、国家昌盛。

2　站城融合面临的机遇与挑战

新时代为贯彻新发展理念、建设现代化经济体系，推动高质量发展，党中央、国务院相继出台了《交通强国建设纲要》《中长期铁路网规划》《国家新型城镇化规划》《关于推进高铁站周边区域合理开发建设的指导意见》等一系列重要政策性文件，对综合交通运输体系建设、城镇化进程推进做出了一系列制度性安排，为高铁客站综合客运枢纽建设、城市发展带来了机遇，提供了根本依据。

在近年来出台的一系列重要政策性文件中，《交通强国建设纲要》是重要的纲领性文件。文件中明确了交通强国的基本内涵是人民满意、保障有力、世界前列；价值取向是安全、便捷、高效、绿色、经济；发展目标归纳为四个一流，即一流设施、一流技术、一流管理、一流服务。文件中与站城发展有关的内容重点有以下几方面：

一是建设现代化高质量综合立体交通网络。明确提出要发挥国土空间规划的指导和约束作用；以多中心、网络化为主形态，完善多层次网络布局；实现立体互联，增强系统弹性。

二是构筑多层级一体化的综合交通枢纽体系。明确提出要依托京津冀、长三角、粤港澳大湾区等世界级城市群，建设一批全国性、区域性交通枢纽；

推进综合交通枢纽一体化规划建设，提高换乘换装水平，完善集输运体系；大力发展枢纽经济。

三是构建便捷顺畅的城市（群）交通网。强调要建设城市群一体化交通网，推进干线铁路、城际铁路、市域（郊）铁路、城市轨道交通融合发展；尊重城市发展规律，立足促进城市的整体性、系统性、生长性，统筹安排城市功能和用地布局，科学制定和实施城市综合交通体系规划。

四是要完善治理体系，提升治理能力。强调要建立健全适应综合交通一体化发展的体制机制；统筹制定交通发展战略、规划和政策；强化规划协同，实现"多规合一""多规融合"。

为贯彻落实《交通强国建设纲要》，中国国家铁路集团有限公司 2020 年 8 月份印发并实施了《新时代交通强国铁路先行规划纲要》（简称《规划纲要》），其发布可谓意义重大。首次提出了 2035 年、2050 年铁路发展目标和主要任务，描绘了新时代现代化铁路强国发展的新蓝图，开启了交通强国铁路先行新篇章。在综合交通方面，有两部分内容值得重点关注：

一是构筑一体衔接顺畅的现代综合交通枢纽。强调了按照"零距离"换乘要求，建设以铁路客站为中心的综合客运枢纽，强化枢纽内外交通有机衔接，促进客站合理分工及互联互通；推进干线铁路、城际铁路、市域（郊）铁路和城市轨道交通"四网融合"及与机场高效衔接，实现方便快捷换乘。

二是发展快捷融合的城际和市域铁路网。特别强调在经济发达、人口稠密的城镇化地区，构建多层次、大容量、通勤式、一体化的快捷轨道网，打造城市群综合交通网的主骨干；城市群中心城市之间及与其他主要城市间发展城际铁路，服务快速通勤及商贸出行；都市圈超大、特大城市中心城区与郊区、周边城镇组团间发展快速市域（郊）铁路，服务公交化便捷通勤出行。

《规划纲要》明确提出，到 2025 年，路网规模达到 17 万 km，其中高铁里程达到 5 万 km；到 2035 年，路网规模达到 20 万 km，其中高铁里程达到 7 万 km，全国 123 小时高铁出行圈（都市圈 1 小时通勤、城市群 2 小时通达、相邻区域 3 小时畅行）和全国 123 天快货物流圈（1000km 以内 1 日达、2000km 以内 2 日达、2000km 以上 3 日达）全面形成，人享其行、物畅其流。按照这个目标测算，预计新建客站将超过 2000 座，其中高铁客站 1000 座，未来仍然是铁路发展的黄金时期。

为推进高铁车站周边区域合理开发建设，2018 年 6 月国家发展改革委联合多部门印发《关于推进高铁站周边区域合理开发建设的指导意见》，对未来高铁线路、高铁站规划、选址以及与产业、城市融合发展等提出具体要求，明确了"规划协调、布局合理，量力而行、有序建设，站城一体、综合配套，市场运作、防范风险"的基本原则，也明确了重点任务，其中两个方面值得关注：

一是促进站城一体融合发展。强调高铁车站周边开发建设要突出产城融合、站城一体；与城市建成区合理分工，在城市功能布局、综合交通运输体系建设、基础设施共建共享等方面同步规划、协调推进。

二是提升综合配套保障能力。强调贯彻落实以人为本的新型城镇化发展理念，营造宜居宜业环境，提高交通便利性和公共服务能力，增强产业、人口集聚效应；强化城市内外交通衔接，加强新建高铁车站城市公共交通配套线路和换乘设施建设，实现与城市建成区、城市其他重要综合交通枢纽之间的快速连接、便捷直达。

另外，对近年来发布的与综合交通和城市发展相关的重要政策性文件进行了梳理。一是 2020 年 10 月刚印发的《深圳建设中国特色社会主义先行示范区综合改革试点实施方案（2020—2025 年）》中提出要提升城市空间统筹管理水平。按照相关法律法规，支持推动在建设用地地上、地表和地下分别设立使用权，探索按照海域的水面、水体、海床、底土分别设立使用权，促进空间合理开发利用。二是 2019 年 2 月印发的《粤港澳大湾区发展规划纲要》中提出要加强基础设施建设，畅通对外联系通道，提升内部联通水平，推动形成布局合理、功能完善、衔接顺畅、运作高效的基础设施网络，为粤港澳大湾区经济社会发展提供有力支撑。按照零距离换乘、无缝化衔接目标，完善重大交通设施布局，积极推进干线铁路、城际铁路、市域（郊）铁路等引入机场，提升机场集疏运能力。三是 2018 年 7 月印发的《关于进一步加强城市轨道交通规划建设管理的意见》中提出强化规划衔接提高建设规划质量。强化城市轨道交通与其他交通方式的衔接融合，城市轨道交通规划要与国家铁路、城际铁路、枢纽机场等规划相衔接，通过交通枢纽实现方便、高效换乘。要加强节地技术和节地模式创新应用，鼓励探索城市轨道交通地上地下空间综合开发利用，推进建设用地多功能立体开发和复合利用，提高空间利用效率和节约集约用地水平。

在城市发展中，地方政府从来没有像今天这样更加重视高铁客站建设、更加重视站城关系融合。但目前确实还存在一些问题和短板：一是站城融合协同发展的理论尚需深化研究。国情不同，路情不同，城市发展环境迥异，指导新时代站城融合协同发展实践的基础理论尚需进一步研究探索。二是站区规划与城市发展规划融合度尚需加强。铁路客站站区规划与城市控规、详规的融合度在整体性、协调性、系统性、互补性上有待进一步加强。三是市场化的程度不高，枢纽经济的潜力未能有效地释放。客站枢纽综合体开发受到多边利益制约，各类资源共享开发程度不高，客站枢纽经济与城市活力未能得到充分释放。四是管理的协调机制有待完善，管理效能有待提升。城市配套设施不完善使部分客站进出站道路拥堵缓慢、交通不畅，综合交通枢纽整体效率有待进一步提升，管理协调机制有待进一步加强。

　　未来十五年，站城融合协同发展挑战与机遇并存。"十四五"时期是乘势而上开启新征程的第一个五年，站城融合要化解发展掣肘，凝聚发展合力，利用好支持政策，将国家重大决策部署落地见效，充分发挥高铁客站枢纽辐射带动作用，为城市发展培育新动能、注入新活力。

3　关于站城融合协同发展的思考

（1）站城融合背景

　　站城融合常常与 TOD 理论联系在一起，TOD 理论源于美国，为了解决第二次世界大战后美国城市的无限制蔓延，新城市主义代表人物彼得·卡尔索尔普 1993 年在 *The Next American Metropolis：Ecology，Community and the American Dream* 一书提出了以公共交通为中枢、综合发展的步行化城区规划策略。随后欧洲、日本、中国香港等地区依托 TOD 打造新型城市，特别是日本凭借丰富的开发与成长经验成为 TOD 的集大成者（图 8）。

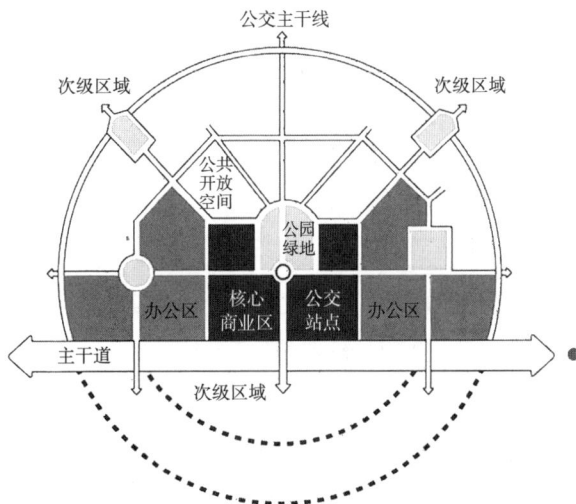

图 8　TOD 理论示意图

TOD 理论的主要观点是主张以城市公共交通（汽车及城市轨道）为导向的发展模式，强调以城市公共交通为核心，倡导有序的、高强度的开发、混合的土地利用以及良好的步行环境。另外，规划原则可以归纳总结为：组织紧凑的有公交支持的开发；将商业、住宅、办公楼、公园和公共建筑设置在步行可达的公交站点范围内；建造适宜步行的街道网络，将居民区各建筑连接起来；混合多种类型、密度和价格的住房。保护生态环境和河岸带，留出高质量的公共空间；使公共空间成为建筑导向和居民生活的焦点；鼓励在既有交通走廊沿线实施填充式开发或者再开发。

纵观铁路客站与城市的发展历史，客站与周边城区始终是繁华与冲突共存的场所，既相互影响又相互促进。随着交通运输业从汽车驳运、地下轨道发展到高铁时代，站与城的关系已不再是单一的临界关系，高铁客站已经渗入到城市之中，深度影响着城市生活，站与城更多地表现为一种融合关系。但同时也为城市发展带来城市空间割裂、交通拥堵等诸多困境。站城融合就是要破解矛盾困境，重构站城秩序，释放城市活力，谋求站城共生，在交通组织、城市空间、土地开发等方面使站城关系迈向更高的层次。

站城融合有助于密切站城在历史传承、环境结构和城市区域的内在联系。其表征是空间融合，其核心是交通、经济、文化的多元融合，而交通融合是站城融合的根本属性。站城融合的目的就是要构建开放、共享、秩序、平衡的站城关系，保持客站枢纽与城市健康发展和持久生命力。在时间上，促进城市扩展与地区更新，铁路技术与城市的发展使得双向关系愈加紧密；在空间上，孕育产业变革与生态经济，高速铁路推动了城市化进程改变了城市空间环境的格局；在区域上，导向综合发展与价值创造，铁路枢纽区域城市建设再发展创造了新的站城价值（图9）。

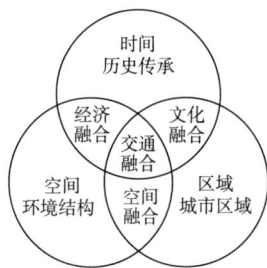

图9 站城关系解析示意图

（2）站城融合价值取向与基本内涵

站城融合并不是在客站建成后才开始与城市融合，而是从规划到实践，从自然环境到人工环境的全过程融合和全方位融合。铁路客站从单一客运场所发展到综合交通枢纽，重点实现的是交通价值，即平衡铁路客流和城市人群对交通设施和公共空间的需求关系。站城融合在此基础上挖掘经济价值（即平衡站与城双向经济利益的效益关系）、社会价值（即高度而有序的站城融合关系催生新的城市活力），体现出推动站城关系走向协同共生、促进城市发展的价值取向（图10）。

因此，以高铁客站交通枢纽为主导的站城融合，与以往的 TOD 相比，在融合的层次、范围、深度及交通方式上有很大的不同，是以提升交通效率为

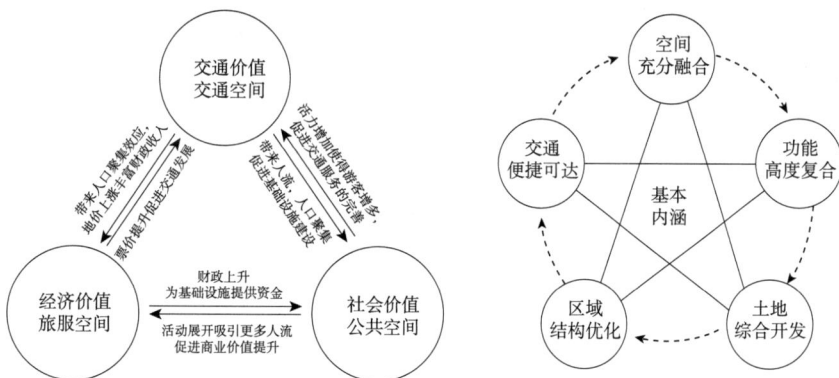

图 10　站城融合价值取向示意图（左）

图 11　站城融合基本内涵示意图（右）

核心，研究交通组织与空间布局的优化，研究功能复合与利用效率的提升，研究交通发展规划与城市发展规划的融合。基本内涵可归纳为以下五个方面（图 11）：

一是交通便捷可达。客站内流线顺畅、换乘便捷，客站外人车分流、驳接高效，客站与城市交通系统实现畅通融合。

二是空间充分融合。客站空间向城市开放，城市公共空间介入客站之中，形成相互融合的环境体系和空间结构。

三是功能高度复合。交通功能与城市各类业态功能高度复合，产生集聚效应，实现站城功能的多样化。

四是土地综合开发。站城范围内多主体参与、多项目联合、集群式开发，发挥土地价值，实现多方共赢。

五是区域结构优化。客站环境与城市环境联系更加密切，客站成为城市结构中的重要"节点"。

（3）站城融合主要模式

根据站城的空间关系，站城融合的主要模式可分为邻接式、叠合式、集成式三种主要代表形式，体现出交通价值、社会价值和经济价值的不同倾向，具体阐述如下：

一是邻接式。站与城的空间关系从形态上看相对分离，两者之间仅通过局部的空间进行联结；交通行为空间的占比最高，业态服务空间的占比较小，站与城的公共活动空间相对分离，交通行为空间、业态服务空间与公共活动空间三者的耦合程度相对较低；站与城的空间整合作用影响明显不足，城市的社会价值没有因交通设施的便利而得到充分体现（图 12）。

二是叠合式。站与城空间关系呈现相互叠加的竖向结构，利用客站上盖

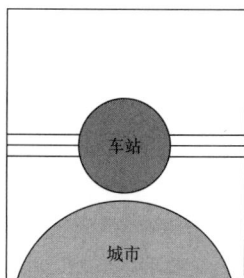

图 12　邻接式示意图

或地下空间进行城市开发，通过立体交通连接周边区域，站城两者之间通过局部的空间联结促进站城协同发展；交通行为空间、业态服务空间、公共活动空间三种空间联系竖向发展，土地利用高效，业态服务空间相对紧密；该模式具有较好的空间形态高度整合的社会价值倾向（图13）。

三是集成式。站城关系在空间上高度重合、交融，城市空间几乎可全面渗透或覆盖客站空间，是站城空间高度融合的一种发展模式；交通行为空间尽量与人行活动分离，业态服务与城市公共活动空间充分混合，以获取最大的站城双向互动关系；该模式以区域城市的经济价值为主要导向，同时具有良好的交通价值和社会价值（图14）。

（4）站城融合案例

①美国纽约中央站

纽约中央站始建于1869年，后因城市发展小汽车交通量激增，于1903年开始进行第一次大规模改造。历经百年的改造与更新，逐渐形成了叠合式站场、桥建合一、高架车道、大跨度空间等高度整合的城市空间，站城关系高度融合，几乎看不到铁路与城市的明显冲突（图15、图16）。

②挪威奥斯陆站

挪威奥斯陆站于2013年启动改建工程。三面邻接城市。车站建设采用植入式的空间开发模式，将轨道交通引入车站地下，规划开发的高层建筑紧凑地嵌入车站一侧，车站外围为人行交通区域、站前商业空间与周边城区形成良好的空间秩序（图17）。

③日本京都站

京都站建成于1997年。日本国土多为山地丘陵，土地资源稀缺，中心城

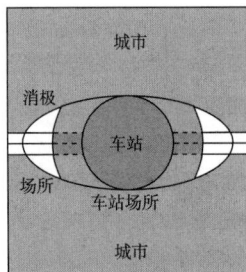

图13　叠合式示意图

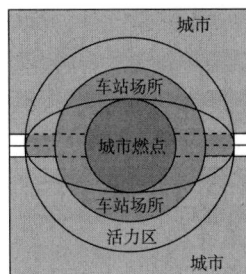

图14　集成式示意图

图15　美国纽约中央站局部剖面

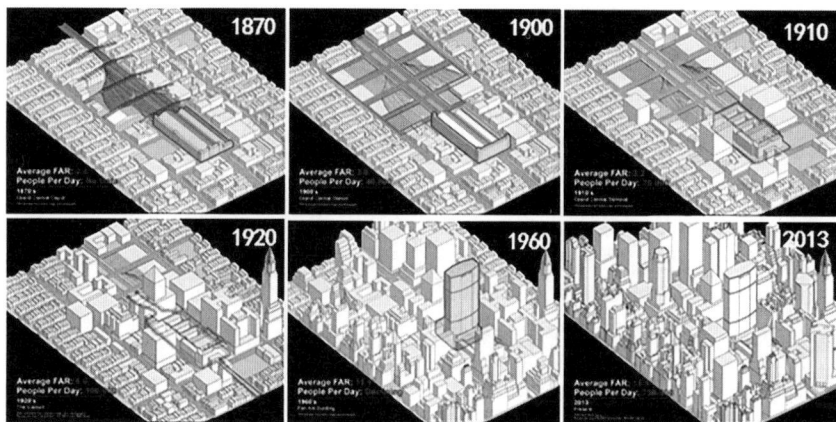

图 16 美国纽约中央站发展
历程

图 17 挪威奥斯陆站

市更是寸土寸金。京都站在极度紧缩的交通节点上实现了各类交通行为混合且
高效流动，公共乘降行为融汇于城市日常生活，车站几乎完全隐身于城市建筑
和街区之中（图 18）。

④中国香港西九龙站

香港西九龙总站，通过分期开发，分步实施，逐步释放总站区位优势，催
生城市活力。历经 20 余年的开发建设，现在的西九龙站不仅是交通枢纽，也
是人们进行各种商务和购物等活动的最终目的地（图 19）。

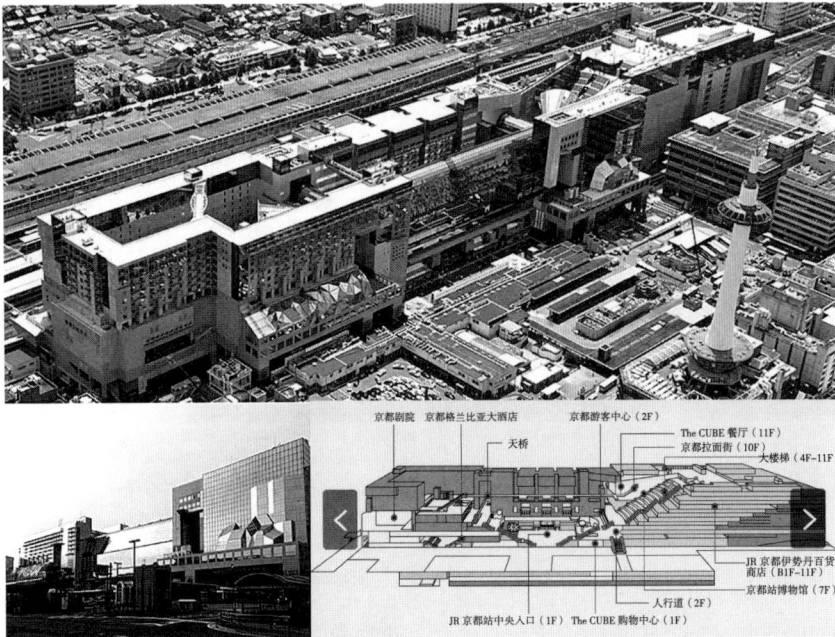

图 18　日本京都站

京都副院　京都格兰比亚大酒店
天桥
京都游客中心（2F）
The CUBE 餐厅（11F）
京都拉面街（10F）
大楼梯（4F-11F）
JR 京都伊势丹百货商店（B1F-11F）
京都博物馆（7F）
人行道（2F）
JR 京都站中央入口（1F）The CUBE 购物中心（1F）

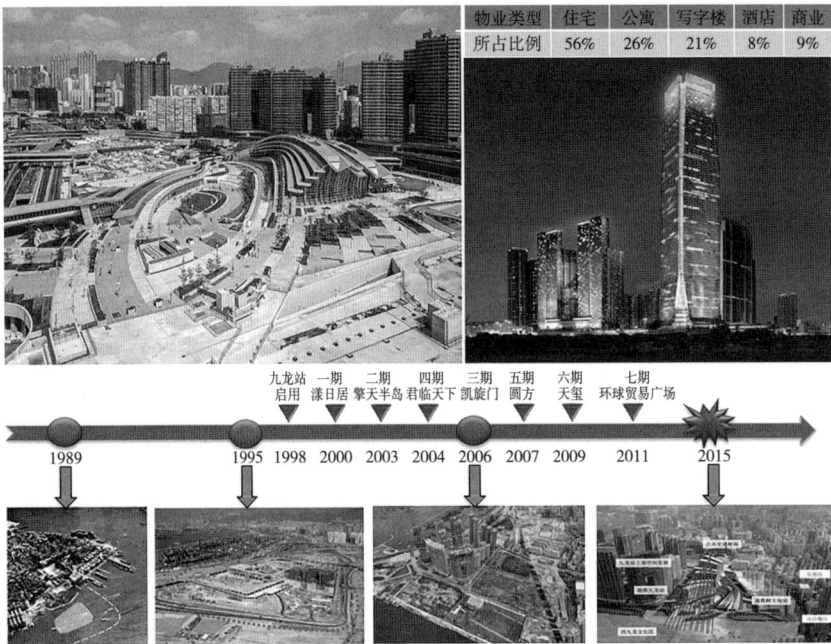

物业类型	住宅	公寓	写字楼	酒店	商业
所占比例	56%	26%	21%	8%	9%

九龙站　一期　二期　四期　三期　五期　六期　七期
启用　漾日居　擎天半岛　君临天下　凯旋门　圆方　天玺　环球贸易广场

1989　1995 1998 2000 2003 2004 2006 2007 2009　2011　2015

1989 年西九龙海岸　1995 年九龙站开始形成　2006 年西铁线柯士甸站开建　2015 年西九龙总站启用

图 19　香港西九龙站

（5）创新与实践

近年来开展设计建造的大型高铁客站综合交通枢纽在与城市融合方面均做了很好的创新与实践，选取四个典型案例做如下介绍：

①雄安站

雄安站位于雄县城区昝岗片区，距雄安新区起步区20km。京港台、京雄、津雄三条高铁汇聚于此，以雄安站为核心打造高铁新城。站与城同期规划、同期设计。房屋总建筑面积48万 m²，其中京雄站房10万 m²，预留的津雄站房5万 m²，市政配套规模约为18万 m²，城市轨道交通规模约为6万 m²，地下空间为9万 m²。雄安站充分利用桥下空间将市政交通配套场站与客站一体化设计，实现了多种交通方式顺畅衔接（图20、图21）。

雄安站站区沿袭城市总体规划，采用小街区、低密度方式，将组团尺度限定在步行范围之内。另外，结合城市轨道交通，进行站区内外的地下空间规划，慢行系统通达性高。同时，路地合作创新，双方通力合作，拟对综合枢纽周边土地有序开发，达到合作共赢的目标（图22）。

图20 雄安站效果图

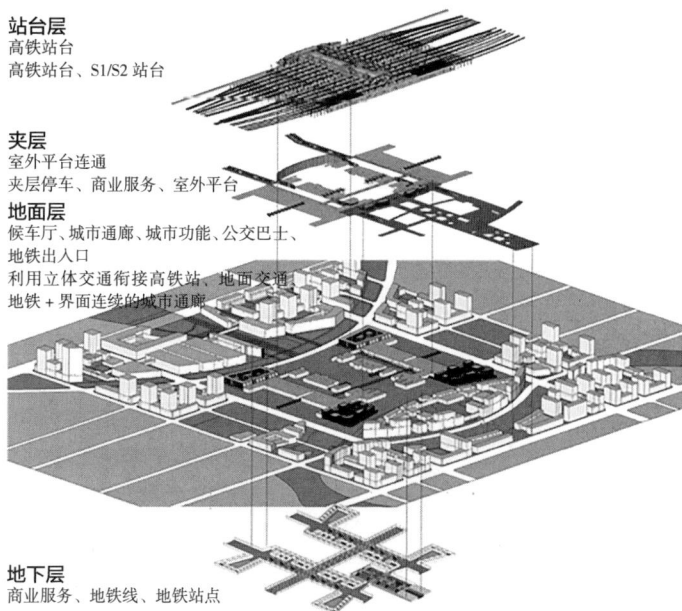

站台层
高铁站台
高铁站台、S1/S2 站台

夹层
室外平台连通
夹层停车、商业服务、室外平台

地面层
候车厅、城市通廊、城市功能、公交巴士、地铁出入口
利用立体交通衔接高铁站、地面交通
地铁+界面连续的城市通廊

地下层
商业服务、地铁线、地铁站点

图21 雄安站分层示意图
（图片来源：参建单位）

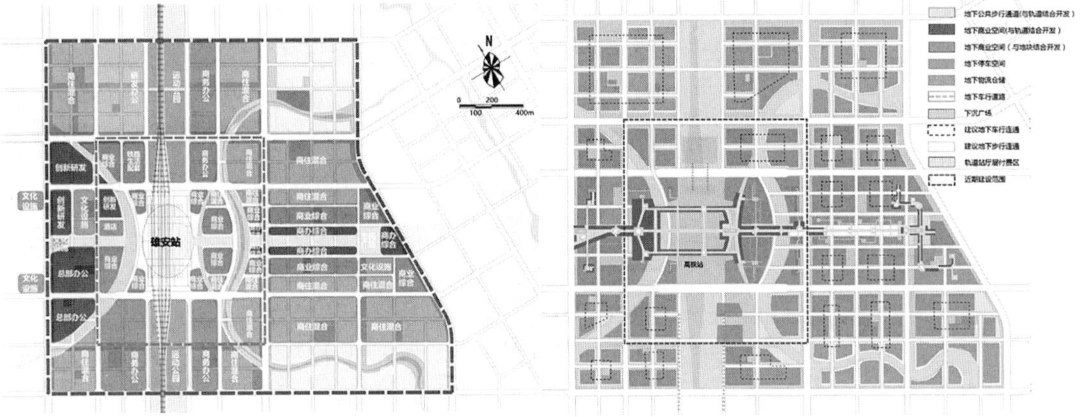

图 22 雄安站区位平面图

②杭州西站

杭州西站位于杭州城市科创大走廊中部，城市建成区边缘，是杭州极具发展潜力的地区。总规模约 245 万 m^2：客站综合体 60 万 m^2，与客站紧密相连的南北侧规划两个高层簇拥群，融合商业，办公，会展等功能，面积约 180 万 m^2，客站雨篷上盖物业 5 万 m^2（图 23、图 24）。

西站枢纽核心区，东西长 1076m，南北宽 660m，含客站综合体，盖上开发，云门及城市综合开发等工程，其中客站综合体、云门为 2022 年杭州亚运会配套工程。云城先行启动区规模约为 21km^2，包括了枢纽新城区和动车所上盖物业区。而整个云城规模约 58km^2，依托交通枢纽优势，未来将建成长三角地区最重要的"科创"新中心（图 25）。

③白云站

广州白云站位于城市成熟建成区，土地价值非常高，客站以普速为主兼顾高速和城际列车，综合体紧凑布局，能够有效促进老城区更新改造。白云站综合体规模 165 万 m^2。其中，铁路方车站近 60 万 m^2，同时预留了 23 万 m^2 上盖；

图 23 杭州西站效果图（左）
图 24 杭州西站云门效果图（右）

图 25 杭州西站区位平面图

铁路生产生活 14 万 m²（含行包楼 9.4 万 m²）
铁路上盖开发 23 万 m²
铁路上盖开发 24 万 m²

枢纽综合交通体 103m²
（含铁路站房综合体 45 万 m²，地方一体化
枢纽 58.5 万 m²）

图 26 白云站效果图

城市方配套也接近 60 万 m²，在四角的上盖开发达到了 24.5 万 m²，其体量是巨大的（图 26）。

白云站设计中尝试了很多创新，枢纽整体是外方为城，内方为站，中间圆是呼吸广场，是站城之间缓冲和功能调配的弹性空间，在春运节假日期间，以应对客流变化。另外，城市开发结合四角进站，可对应接驳各种交通配套设施，提高效率；铁路上盖与线侧开发，立体分布，竖向互动，分区明确（图 27）。

④重庆东站

重庆东站位于重庆市南岸茶园新区，背靠樵坪山，茶园新区定位为城市副中心及新兴商圈，渝湘线、渝万线、东环线引入重庆东站。总建筑面积 116 万 m²，其中站房 12 万 m²，各类城市配套 68 万 m²，综合开发 36 万 m²。

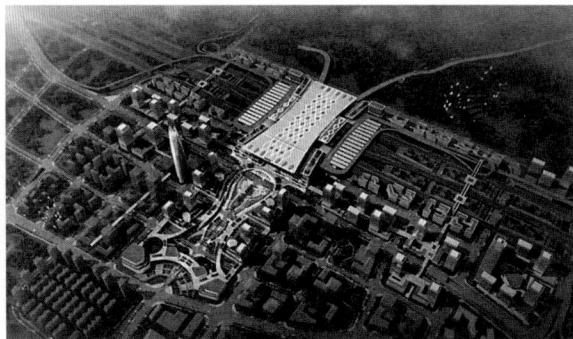

图 27 白云站配套交通换乘示意图（左）
图 28 重庆东站效果图（右）

光谷垂直交通核

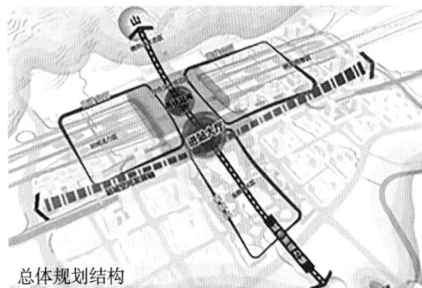

总体规划结构

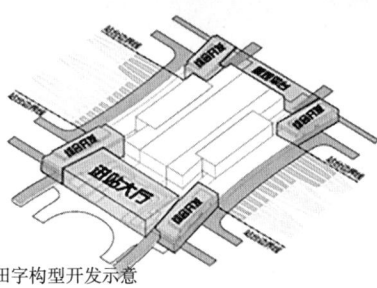

田字构型开发示意

图 29 重庆东站规划示意图

西侧为城市交通中心，东侧为景观平台，南北两侧用作铁路综合开发（图28、图29）。

重庆东站站区交通体系以南北双环高架营造面向城市的开放型"灰空间"，结合城市轨道交通换乘形成多功能复合的立体流线，打造高效有序的"城市客厅"。综合开发与站房之间设置四条景观步道，使车站步行商业环境与城市功能互利共融（图30）。

近期立项，对在建的7座大型铁路客站的技术经济指标、投资影响因素等进行了综合研究，形成了大型客站综合评价指标体系。其中，站房配套比（站房配套面积与站房面积的比值）较直观地反映出站城融合的程度。

图 30 重庆东站"灰空间"示意图

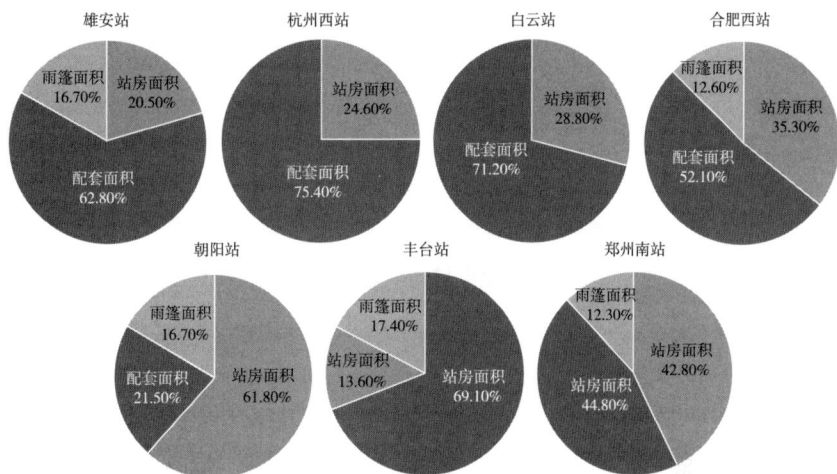

图 31 7 座大型铁路客站房配套比例

饼状图所示（图 31），红色代表配套面积，雄安站、杭州西站、白云站、合肥西站占比都远超过 50%，北京朝阳站、丰台站、郑州南站相对较低。

4 启示

通过对站城融合的研究和思考，结合在建客站的实践论证，提出以下几点体会与启示：

一是站城融合要坚持走适合中国国情、路情的发展之路。美国早期提出TOD 是以公交系统为主导，解决小汽车无序发展带来的矛盾，城市地铁的发展在一定程度上助推了 TOD 的推广应用，但与当下以高铁客站交通枢纽为主导的站城融合相比，在融合的层次、范围、深度及交通方式上大不相同，融合的模式难以复制，不能简单照搬，需要结合国情、路情不断创新。

二是站城融合要因城而异、因地制宜、因势利导。我国正处在城镇化进程的转型期，经济洼地与产业高地并存，不同城市发展环境悬殊，同一城市不同地段建设条件迥异。要构建开放、共享、秩序、平衡的站城关系以及良好的站城秩序，就必须量体裁衣、对症下药，才能创造出站城融合的乘数效应。

三是站城融合要强化规划协同发挥规划的引领作用。城市要将铁路规划纳入到城市总体发展规划之中，将铁路枢纽总图规划作为城市空间布局、土地开发利用等专项规划的关键要素，促进站城在历史传承、环境结构和城市区域的交通融合、空间融合、多元融合。

四是站城融合要坚持一体化设计统筹建设实施。城市要结合客站技术经济属性、城市承受能力和发展潜力，一体规划设计，合理确定起步区建设规模，分期分块分层建设，量力而行，保持站城融合健康可持续发展。

五是站城融合要破除体制机制藩篱以改革创新激发市场活力。深化体制机制改革，提升治理效能，以市场为导向激发多元主体活力，以共商共建为基础平衡站城利益，推动站城关系走向协同共生、实现多边共赢。

站在新起点，面向新时代，各方要共同合力攻坚，推动站城融合协同发展，为城市发展提供新动能注入新活力。

注：图 15~ 图 19 来源于互联网资源，其中有些未能与原作者联系，如有异议欢迎与本文作者联系 773932573@qq.com。其他所有图片版权为作者所有。

参考文献

[1] 彼得·卡尔索普 . 未来美国大都市：生态·社区·美国梦 [M]. 郭亮译 . 北京：中国建筑工业出版社，2009.

[2] 郑健，沈中伟，蔡申夫 . 中国当代铁路客站设计理论探索 [M]. 北京：人民交通出版社，2009.

[3] 郑健，贾坚，魏崴 . 中国高铁丛书：高铁车站 [M]. 上海：上海科学技术文献出版社，2019.

区域一体化与客流特征视角下的"站城融合"研究 *

Research on Station-City Synergy in China from the Perspective of Regional Integration and Passenger Characteristics

李晓江　蔡润林　何兆阳　葛春晖　尹维娜　罗　瀛　尹泺枫　胡雪峰
中国城市规划设计研究院；Lixj@caupd.com
Li Xiaojiang　Cai Runlin　He Zhaoyang　Ge Chunhui　Yin Weina
Luo Ying　Yin Luofeng　Hu Xuefeng
China Academy of Urban Planning & Design

摘　要：在区域迈向更高质量一体化、国土空间规划体系构建、多层次铁路网络融合发展的背景下，我国铁路站城关系正面临转型重塑。通过对我国铁路系统及铁路站城发展特征及实践反思、结合国际案例对比以及国内站城的实证研究，提出了区域更高质量一体化是站城融合的根本动因，城际人群特征变化、多层次铁路网络融合发展、站城功能变化等是站城融合的内在逻辑，以及我国站城关系从分离松散到紧密融合的发展趋势。辨析了站城融合的视角内涵、阶段过程、多空间尺度的具体体现。实证分析了站城融合影响因素及发展条件，并从功能布局和空间形态、建成环境设计、交通支撑和集散体系三方面总结了未来站城融合规划设计策略。

关键词：站城融合；区域一体化；铁路枢纽；多网融合

* 课题来源：中国工程院重点咨询项目《中国"站城融合"发展战略研究》之课题1《站城融合规划与设计战略研究》
课题组成员：李晓江、蔡润林、何志工、葛春晖、庄宇、尹维娜、罗瀛、何兆阳、尹泺枫、余淼、戚广平、石建文、李鹏、邹歆、张聪、郭超、赵春雨、尤方璐、吴珊珊、王馨竹、唐颢、周玲娟、袁铭、张灵珠、王腾、陈杰、张迪凡、杨森琪、陈恩山、赵欣冉
课题研究顾问：郑德高、孙娟、朱荣远、方煜、赵一新

Abstract: In the context of the higher level regional integration, the reform of territorial spatial development planning system, and the integration of multi-level railway networks, the relationship between station-city in China is facing transformation and reshaping. Through reflections on the characteristics and practice of domestic railway system and railway station-city development, combined with international case comparisons and empirical studies of domestic stations and cities, it is proposed that higher-quality regional integration is the fundamental reason for station-city integration, and the characteristics of inter-city passengers, the integration of multi-level railway networks and the changes in station-city functions are the internal logic of station-city integration, and the relationship of domestic station-city is changing from separation to integration. This research discriminates the connotation, the transformation process, and the multi-level spatial reflection of the station-city integration, and empirically analyzes the factors and development conditions of station-city integration, and summarizes the future station-city integration planning and design strategy from three aspects: functional layout and spatial form, built environment design, transportation system.

Keywords: Station-City Synergy; Regional integration; Railway hub; Multi-level railway network integration

1 站城融合发展综述与解读

在生态文明时代，区域迈向更高质量一体化、国土空间规划体系构建、多层次铁路网络融合发展的背景下，我国城镇群及都市圈空间结构、铁路网络和枢纽体系迎来转型重构期。从"轨道上的京津冀"[1]的提出，到以轨道实现城市的"互联互通"，再到以轨道实现城市核心功能区以及战略节点地区的"直联直通"[2]，区域一体化和轨道交通的大力推进，使得"站城融合"再次成为我国城镇密集地区关注的热点。

回归初心，大运量的客运铁路和城市轨道发展，能够以绿色高效的公共交通方式，替代高碳低效的私人机动化与公路交通方式，从而实现区域交通结构优化。而站城融合发展（一方面推动铁路直接进入城市核心地区，另一方面铁路车站周边营造成为城市核心功能地区），则能够将城市中心与铁路结合起来，进一步带动城市集约发展和提升城际出行效率。

然而从我国铁路发展历程来看，站城融合的实践中存在一系列疑问：站城融合的初心是否实现？高等级与高客流的铁路车站是否一定带来站城融合？政府有主观意愿、积极推进规划建设是否一定能形成站城融合？同时高强度综合开发是否是站城融合的唯一空间形态？

国内对于站城一体、站城融合已有研究，大多侧重高铁时代的枢纽车站。在内容上，宏观层面侧重研究车站对城市发展、空间演变影响等方面的研究[3][4]。中微观层面侧重①基于铁路车站与站前开发的功能及布局形式、空间形态，对未来站城节点开发模式的归纳总结[5]；②结合实例对站城综合开发、集疏运模式等方面规划设计手法的探索。同时日本及欧美的车站模式、TOD等理念对国内研究实践有深刻的影响。但尚缺少从宏观层面对站城融合概念内涵、内在逻辑、影响因素等方面的研究，也缺少对国际铁路系统特征差异的认识，以及对未来多层次铁路融合时代以城际及市域客流为主的站城规划设计方法转型的探讨。因此当前十分有必要结合我国铁路发展特征及实践反思、区域一体化的趋势规律分析、国际先进案例对标等，提出站城融合发展新思路、新理念和新方法。

1.1 我国铁路与城市的发展关系和特征

1.1.1 我国铁路发展的阶段时期

中国第一条运输铁路淞沪铁路开通于 19 世纪 70 年代，但我国自主铁路建设进入迸发期却始于百年以后的改革开放之后。从改革开放后至 21 世纪初是我国的区际普速铁路自主建设时代，至 2000 年末我国铁路营业里程达到约 6.9 万 km，约是新中国成立时的 3 倍。并于 1997-2007 年十年间进行了六次铁路大提速，同时形成了具有自主知识产权的中国高速铁路技术体系 [6]。进入 21 世纪后，我国高速铁路从无到有，进入区际高速铁路大发展时代。2003 年中国第一条设计时速 250km/h 的高铁线路示范性实验线秦沈客专通车，2008 年第一条设计速度 350km/h 的高速铁路京津城际通车。2004-2016 年国家相继通过了从"四横四纵"到"八横八纵"为核心的《中长期铁路网规划》，至 2018 年底我国铁路营业里程达到约 14 万 km，其中高速铁路 3.5 万 km。当前随着我国城镇密集地区迈向更高质量一体化，城镇群、都市圈内部联系不断加强，城际铁路、市域铁路兴起，我国城镇密集地区将率先进入了多层次铁路网络融合发展的时代。

1.1.2 不同时期铁路车站与城市的关系

区际普速铁路时代，快速城镇化起步，该时期铁路客站与城市市区和中心区的关系仍比较紧密。在大城市，铁路客站多位于市中心边缘，距离市中心 2~3km；在小城市车站多位于市区边缘 [7]。区际高铁时代，伴随着我国高速城镇化，城市空间扩张意愿强烈且增长迅速，在高速铁路自身线型顺直要求、地方拉大城市框架诉求强烈、传统中心高建成度线路拆迁成本大的多重推拉力作用下，高铁车站逐步远离传统城市中心，更多结合新城新区中心区设置。多网融合时代，多制式多形式铁路对建成环境适应性增强、城市区县及重点板块直联区域诉求旺盛、多地铁路总图不断推进优化，带来更多的不同层次的铁路车站，铁路枢纽结构与城市中心结构的关系进入重构期。

1.1.3 我国铁路系统发展的总体特征

结合国际铁路网络发展对比，我国铁路系统发展有以下几个明显特征差异：①铁路快速发展与高速城市化、机动化时序的差异。欧洲、日本铁路网络先于第二次世界大战后的城市化、机动化形成[9]，我国铁路发展伴随着城市化及机动化进行的，并略有滞后（图1）。这也在一定程度上造成了区域交通网络的差异，在日欧铁路网络密度普遍高于高速公路、而我国绝大多数地区高速公路密度普遍高于铁路。②铁路枢纽结构与城市结构关系的差异。受发展时序差异影响，在日欧车站与城市中心的关系更加紧密。以日本东京为例，城市副中心选址时即选择铁路车站周边，枢纽即城市中心[10]；我国铁路客站与城市中心之间普遍存在一定距离。③铁路出行特征与铁路服务的差异，我国地域广阔，在我国区际普铁与高铁时代，同时伴随着国家跨区域尺度的人口大规模迁移，带来我国普铁、高铁时代铁路出行、铁路服务多以长距离区际出行和长线服务为主。日欧地区受国家尺度、人口流动特征影响，铁路出行与铁路服务以中短距为主，高铁线路长度普遍长于普铁线路。

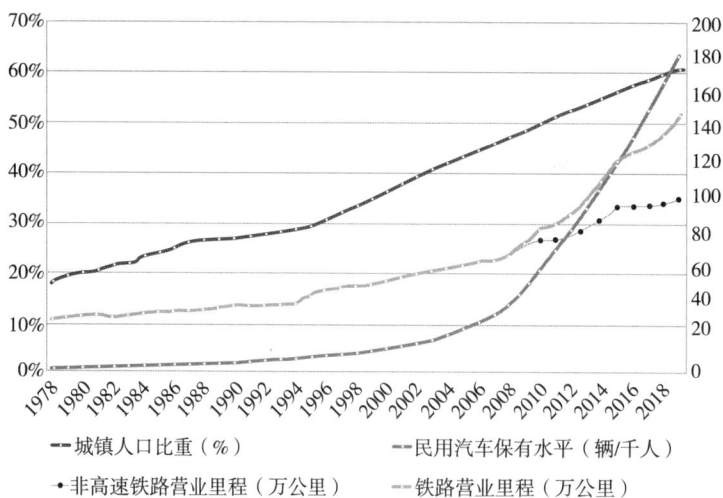

图例：
— 城镇人口比重（%）
— 民用汽车保有水平（辆/千人）
•• 非高速铁路营业里程（万公里）
— 铁路营业里程（万公里）

图1 中国铁路里程与中国城镇化、机动化发展进程[8]

1.2 国内铁路车站周边发展实践与反思

21世纪我国进入区际高速铁路发展以来，为我国整体经济社会发展提供了强劲的动力，也支撑了中国快速的城镇化建设。回顾过去近二十年的我国高铁站城发展，参考日欧顶级站城发展经验（表1），也存在诸多问题且值得反思。

从开发模式上看，我国高铁站城发展存在明显的"以高铁站带动新城大规模快速发展"的政府主观意愿。从京沪高铁沿线、济南西站、上海虹桥站、苏州北站看，在规划之初都划定了约 30km² 的高铁新城，多数希望经历十年发展形成熟活力的城市片区。但从实际发展来看，在车站开通十年后，仅虹桥商务区核心区内形成约 1.3km² 的活力街区，多数地区只零星集聚一定的商业商务开发。而日欧顶级站城多数更关注"步行尺度紧密站城、高品质分阶段渐进开发"，站城范围多集中在约 2km² 以内，均经历数十年分阶段渐进开发，布局城市最高品质的功能。

日欧顶级站城的基本情况　　　　表1

站城名称	面积（km²）	建设起始年代	开发量（万m²）
阿姆斯特丹南站	2	20 世纪 90 年代	约 340
柏林中央火车站	0.6	21 世纪 10 年代	约 150
伦敦国王十字	0.27	20 世纪 90 年代	约 74
巴黎拉德芳斯	1.6	20 世纪 50 年代	约 480
东京站丸之内	1.2	20 世纪 50 年代	约 810

（来源：根据各站城官方网站统计）

从空间形态上看，我国多数高铁站城呈现"单体车站大广场 + 低密度超高塔楼"的空间形态。高铁站城在空间形态上强调宏大城市形象的展示，车站体量大、站前广场占地面积大，站前开发以低密度的超高塔楼为主、地面公共空间界面较为单调、人性尺度不足、不易集聚活力。从日欧顶级站城看，车站站前广场、站房体量较国内均更集约紧凑，站前开发呈现以"超高塔楼点缀、功能混合的高密度街区"为主要特征的空间形态。注重街区内功能混合、多样化的街区底层界面、人本尺度公共交往空间，从展示宏大的城市形象逐步转向展示活力的生活方式、带动交往与创新。

从集散模式上看，我国多数高铁客站以小汽车优先为导向的枢纽集散特征十分明显。多数车站普遍采用高架匝道的交通组织方式，将小汽车引导到最靠近候车大厅的位置，为小汽车使用者提供极大的便利、享有最好的可达性。而从日欧站城的集散模式看，为适应高客流的直达性需求，日欧站城均更加突出以绿色交通可达最优的集散模式，保障公共交通、步行、非机动车的高可达性。

从乘客出行上看，我国城镇密集地区的高铁出行当前面临三大痛点。一是局部大客流区间城际运力不足，常常一票难求；二是铁路出行两端的城市交通衔接时间长，时常出现铁路半小时、两端城市交通各一小时的情况；三是铁路服务多样性不足，不能适应部分乘客快速乘车、购退票的便捷性需求[11]。而日欧地区铁路服务与我国差异较大，有更多的铁路与线路服务城际联系、城市交通衔接时间很短，同时采用类似公交化的运行方式使得铁路出行更加便捷。

从站城关系上看，我国高铁站总体呈现出松散的站城关系。一方面绝大多数乘客出行的起讫点不在车站周边，另一方面站前开发受广场和站前道路影响，往往布局在车站一两百米以外，同时跨站发展往往面临严重分割。而从日欧站城看，站城关系更加紧密。多数乘客出行的起讫点在车站周边，站前开发多在车站步行范围以内，同时跨站联系十分便捷、站城高度融合。

2 站城融合内在逻辑与规律

2.1 面向区域更高质量一体化发展是根本动因

城镇群是我国国家新型城镇化的空间主体，是国家参与全球分工与竞争的重要地域单元。随着我国经济转向高质量发展阶段，对城镇群一体化发展提出了更高要求。《京津冀协同发展规划纲要》《粤港澳大湾区发展规划纲要》《长江三角洲区域一体化发展纲要》的印发标志着京津冀、长江三角洲、珠江三角洲三大城镇群正逐步迈向更高质量一体化发展。区域更高质量一体化将进一步强化城镇群内部的经济、文化、交通联系，带来的城际间资金、人员、信息、货物往来持续增强，规模不断扩大。进而带来城镇群及都市圈层面城际人群出行特征、铁路网络演变趋势、城市功能与空间结构特征的变化，最终改变站城关系。

2.2 城际人群：从"低频次、长距离、低时间价值"转向"高频次、中短距、高时间价值"

在区域更高质量一体化推动下，人的生活、就业及出行范围从"城市"走向"城际"。随着城镇群内产业体系发展，集聚了更多面向区域服务的企业，出现了更多需要频繁出差的商务人群，同时随着都市圈同城效应不断加强，出现了更多的跨城通勤、多地就业、双城居住人群。随着这些人群的增加，城镇群与都市圈的城际出行特征从"低频次、长距离、低时间价值"转向"高频次、中短距、高时间价值"[12]。以长三角为例，根据中国城市规划设计研究院长三角地区2018年10月的LBS数据，在长三角城市群内识别出用户

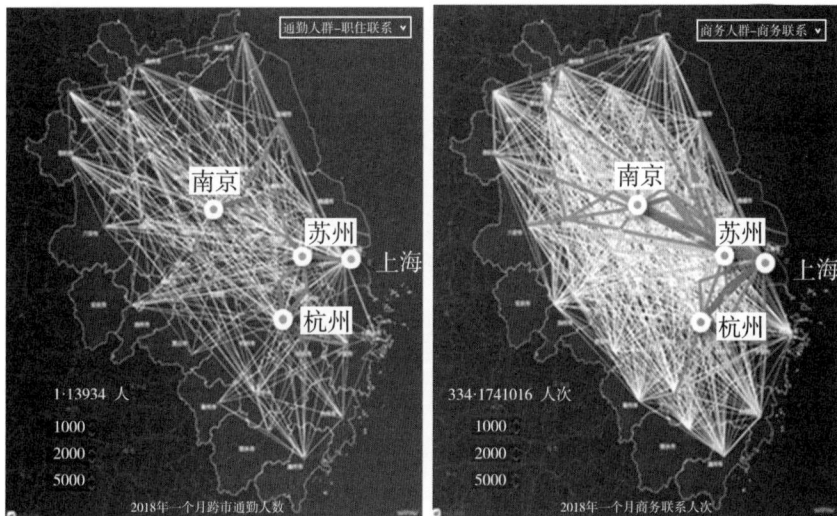

图2 长三角跨市通勤（左）
与商务联系（右）示意图
（来源：中规院上海分院数据
平台）

2.2亿人，其中跨市通勤人群达到346.8万人；同时识别出工作日日均跨市商务、小长假日均跨市休闲联系量分别达到362.7万人次/日、553万人次/日（图2）。根据我院2017年联通信令数据，在上海大都市圈与杭州都市圈范围内以市区和其他区县为研究单元，分析城际出行平均出行距离，结果显示全部出行的平均出行距离约为37.8km，通勤人群出行平均出行距离约为25.6km，呈现比较明显的"中短距离"特征。这些高频次中短距的城际通勤商务休闲人群，与以往低频次长距离的区际务工旅游人群存在明显差异。新人群的客流能级更高，出行者对时间价值更敏感、更希望直达目的地，同时对多样的铁路服务、高品质场所的需求更高。新人群需要铁路出行能够提供更快速的进出站、购退票服务，以满足随到随走、灵活出行的需求。同时也需要更高品质的出行环境与服务，包括站内与车内整洁的环境，快捷的网络与餐饮服务，以及站城内多元的功能与服务。

2.3 铁路网络：从"干线走廊"到"多网融合"

从国际对比来看，虽然当前我国三大城镇群的铁路平均乘次正在上升（图3）、铁路平均乘距正在下降（图4），但铁路旅客发送量、铁路出行频次、铁路平均乘距等特征与日本、欧洲铁路发达国家间的存在明显差异（表2）[12]。总体来看三大城镇群的铁路出行呈现低客流能级、低频次、长距离的特征。客流特征差异的背后是铁路网络构成差异。当前我国三大城镇群的高铁网络密度与日本、欧洲铁路发达国家间的已无明显短板，但铁路网整体密

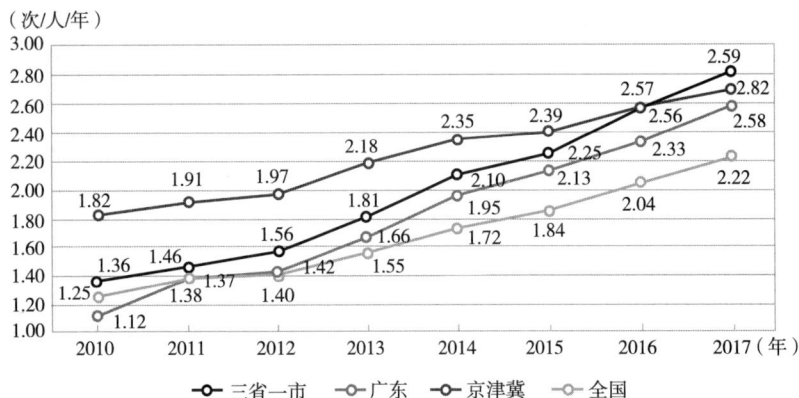

图3 2010-2017 三大城镇群铁路出行平均乘次变化（来源：根据参考文献 8 数据计算）

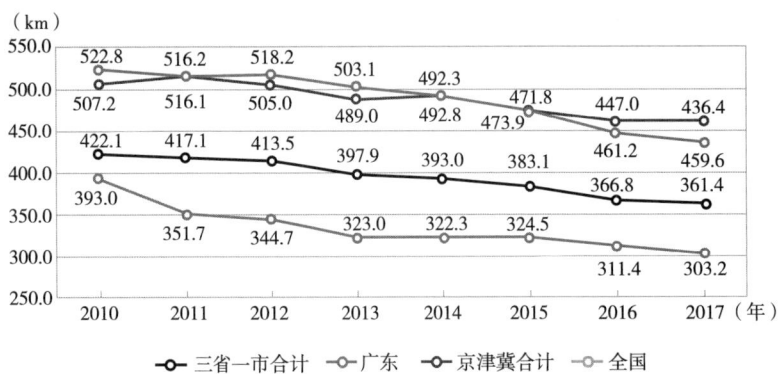

图4 2010-2017 三大城市群铁路出行平均运距变化（来源：根据参考文献 8 数据计算）

欧亚国家及我国主要地区铁路发展情况（2017年）　　表2

	高铁网密度（km/千km²）	铁路网密度（km/千km²）	铁路年客运量（百万人）	平均运距（km）	人均乘次（次/人/年）
法国	4	45	1271	69	19
西班牙	5	32	572	47	12
瑞士	2	88	472	44	56
德国	5	109	2076	46	25
日本	7	45	9372	29	74
中国	3	13	3084	436	2
长三角	11	29	630	361	3
京津冀	8	44	303	460	3
广东	9	23	288	303	3

（来源：根据参考文献 8、13、14 数据计算）

度的短板明显。也反映出日欧铁路站城开发背后存在着高能级客流和能够覆盖高频次中短距的高密度铁路网强力支撑。

随着轨道上的城镇群及都市圈建设、新基建的推进，三大城镇群正在加快城际铁路、市域郊铁路建设。根据发改委专项工作会议，仅未来五年，京津冀、长三角、大湾区新开工建设城际铁路和市域（郊）铁路约1万km。未来三大城镇群铁路网整体密度将实现大幅提升，形成多层次网络融合、直联直通的铁路网络，铁路枢纽总图也将迎来优化调整机遇。多层次融合的网络将带来更多的车站，实现更多地区的区域直联，同时多层次的铁路车站更易于进入城市，未来铁路枢纽结构也将从当前单站辐射转向多站协作。

2.4 站城功能：从"换乘节点"到"区域与城市融合节点"

未来，城镇群内需要更紧密的城镇空间网络，面向区域服务的功能板块将率先成为最重要的网络节点，以促进各类资源要素顺畅流动、高效利用、开放共享，实现城镇间合理分工与合作联动、带动整个城镇群集约高效一体化发展。

从城市的角度看，城市更加关注面向区域服务的功能在城市中高效集聚，并能够有效地辐射城镇群乃至国家范围，同时希望借助区域功能集聚节点推动城市崛起、激活城市活力。因此越来越多的城市倾向于将大量高品质的城市功能、城市交通设施布局在铁路车站周边，同时越来越多的区县及城市板块迫切希望通过铁路实现区域直联，带动区域功能集聚、城市能级提升、更高效地参与区域更高质量一体化。

2.5 站城关系改变是区域一体化和城市高质量发展的必然趋势

在迈向区域更高质量一体化的推动下，"高频率、中短距、高时间价值"的城际商务休闲客流、跨城通勤客流、双城居住的周/半周通勤客流的日益增加，带来"出门即进站、到站即到目的地"的核心需求。铁路车站因铁路及城市交通的设施接入成为面向区域高可达性的节点，车站周边地区因最高品质区域功能和城市功能的集聚，成为城市发展的新名片和新增长极。在更高密度多网融合的铁路网络与枢纽支撑下，铁路系统将实现对高频次中短距高时间价值出行的有效覆盖，实现铁路客流能级的跃升，并带来铁路运营组织模式及集散模式的转型。同时在生态文明时代国土空间规划"节约集约用地"硬性约束背景下，站城地区成为集约发展的重点地区，因此未来我国铁路车站的站城关系也必将从"分离松散"转向"紧密融合"。

3 站城融合若干关键问题辨析

站城融合发展是"站"与"城"互动发展的过程，而非唯一或特定的发展模式。在不同的条件、不同的情境下，站城融合的呈现方式或形态也往往大相径庭。因而，辨析站城融合发展过程中的关键问题非常重要。

3.1 站城融合新研究视角与内涵界定

以往研究站城关系更多是从铁路客站与周边地区的城市功能、土地利用、交通衔接等方面展开，关注站与城的空间关系和物理衔接条件。而新时代发展背景下，赋予站城关系更多的人本内涵，站城融合应以人的视角为基本出发点，更多聚焦于人（包括铁路旅客、驻地人群以及其他衍生客群等）在铁路客站及周边地区的活动规律和多样化需求，以及其带来的站城融合特征变化。

本次研究认为，广义上站城融合指聚焦铁路出行人群需求，铁路车站与周边城市功能、交通、建成环境等要素间的相互关联与相互作用关系；狭义上站城融合指铁路车站与周边地区，因人群的活动特征变化，形成的一体化空间和交通发展态势。其功能意义在于实现出行人群所需功能在车站周边高度集聚，实现到站即目的地；空间意义在于实现车站空间与城市空间的链接、共享、融合；交通意义在于实现站城地区人群的区域出行对铁路出行的高度依赖，城市出行与铁路出行高效衔接融合；制度意义在于实现铁路枢纽发展机制和城市发展机制间的融合与共赢。

3.2 高时间价值人群和企业的需求选择

城际人群的客流能级更高，对时间价值更敏感。一方面，城际人群更关注总出行时耗。当前铁路半小时、两端城市交通各一小时的模式不能满足高时间价值人群的需求。最为理想的模式是"出门即可进站、到站即到目的地"，以最大程度地减少城市交通衔接时间。另一方面，城际人群更希望出行时间也能有效转化为生产生活时间。铁路出行具备更好的运行平稳性和较少的电子及通信设备使用限制，较公路和航空出行，更加支撑出行中的办公、学习、社交、娱乐等行为。

从企业的角度看，这也进一步影响有较多城际人群的企业机构选址的变化。面向区域服务职能更强的企业机构更倾向于在铁路枢纽周边选址。以中规院上海分院为例，业务服务面向长三角地区乃至全国范围，分院选址于虹桥临空园区，紧邻虹桥枢纽，有助于克服与较高频次的差旅出行相对应的市内交通时耗。

航空出行平均运距在不断增加，2019年全国航空平均运距已接近1800km，一定程度反映出航空出行的优势范围已基本处于跨城镇群尺度。城镇密集地区内的高速铁路出行，以长三角为例，铁路在途时间基本约为公路的1/2，而费用约为自驾出行的1/2、租车出行的1/10，能够为个人及企业节约大量交通成本。可见在城镇密集地区内，在满足乘客高时间价值敏感性的需求上，铁路出行更加具有吸引力。

3.3 车站地区的功能和价值转变

3.3.1 从"单一换乘节点"到"区域和城市高可达性地区"

随着城镇密集地区区域联系网络的不断强化，过去单线接入的车站往往成为多条铁路线路的交汇枢纽。随着车站对外联系能力的强化，车站的城市交通可达性也在不断提升，引入了大量的城市轨道、地面公交、城市道路等城市交通设施。这使得车站地区的区域可达性、城市可达性均大幅提升，由原来的"内外交通换乘节点"转变为"高可达性的枢纽"。

高可达性吸引了多元城市活动的集聚。从国内与国际顶级铁路站城发展均可以看出，高可达性枢纽与城市新兴的、面向区域服务的高品质功能天然相亲。重要铁路枢纽均布局或已经集聚了大量高品质多样的商业服务业及公共服务设施，成为城市高价值区段的地区和活力中心。

3.3.2 从"一般性服务节点"到"区域和城市功能目的地"

铁路客站作为城市面向区域的门户，从集聚的功能和集散的客流看，在初始阶段以铁路集散客流为主，同时带来较低水平的旅客服务相关功能集聚，如快餐、旅馆、小商品批发等。随着车站集聚的交通资源提升及人群变化，车站地区成为城市对内、对外的综合交通枢纽，逐步吸引城市性功能集聚，如城市级商场、商务楼宇、高品质酒店、艺术文化设施等。当车站周边集聚的面向区域城市功能多于为旅客服务的相关功能时，车站地区就成为区域中心性的功能节点，成为城镇密集地区区域出行的目的地；同时车站地区的城市交通客流超过铁路到发客流时，车站地区将逐步成为城市的副中心。随着部分区域中心性功能节点及城市中心能级的提升，部分中间性城市将上升为区域性城市。

3.4　站城融合与 TOD 发展的异同

一般意义上，站城融合与 TOD 确实存在共性。两者均是城市绿色低碳发展模式、均关注城市功能向站点周边高度集聚、站点周边步行环境友好、以高品质公共空间促进公共活动等。

但两者在具体的关注点、对象人群、路径模式上也存在明显的差异。在关注点上，站城融合更加关注面向区域服务的城市功能，重点是为了促进区域更高质量一体化，提出的铁路车站与面向区域的功能中心紧密结合的发展模式；而 TOD 发展则重点是为解决当时城市低密度蔓延等问题，提出的城市功能整体上向公共交通站点集聚的紧凑式增长模式[15]。在对象人群上，站城融合更侧重研究铁路系统及其出行人群，特别是城际间商务、休闲和通勤人群；TOD 发展更加侧重研究以城市轨道为主的大运量公交系统及其出行人群，以城市内部人群为主。在差异化的发展模式上，站城融合强调面向区域的功能和空间形态，枢纽设施与公共空间融为一体；而 TOD 强调高密度开发，以及大运量轨道系统的衔接和转换。

3.5　站城融合并不是每个铁路车站的必然结果

站城融合并非单凭某一因素、单凭物理空间建设就能实现，而是在区域更高质量一体化推动下，随着城际人群出行特征和需求变化、面向区域的城市功能产生并集聚、铁路网络和枢纽结构转型等多因素共同作用带来的未来站城发展整体趋势。因此并非意味着每个车站均能实现同等水平的站城融合。

未来铁路站城作为体现区域更高质量一体化发展、城市集约节约发展的标杆地区，站城融合也并非意味着单一空间尺度上物理形态，而是在多个空间尺度均有体现。宏观尺度重点体现在站与城的结构关系，利用多网融合、多站协作带来的机遇，解决枢纽结构与城市中心结构错位，实现两者的耦合。中观尺度重点体现在站城地区，实现站城区域功能与城市功能的融合、实现铁路站线与周边城市功能整体布局的融合。微观尺度重点体现在紧密站城范围，实现站城在步行距离内融合以及跨站融合，提升空间品质、丰富活动体验。

4 站城融合的影响因素与发展条件

4.1 我国站城关系研究样本初判

本次研究选取了国内 26 个城市的 48 个车站,从车站的等级规模、建成时间、建成环境、所在城市区位、车站功能、开发建设量等多个维度进行对比分析,得出我国现阶段车站及其周边地区发展的整体特征(图 5)。

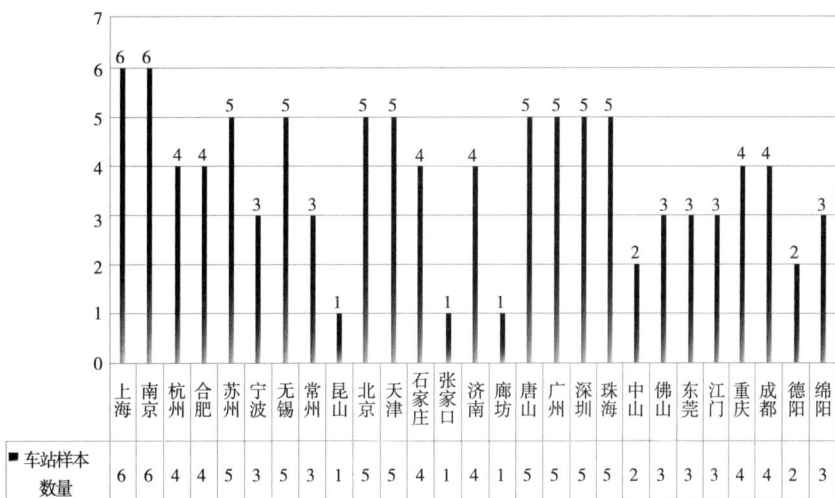

■ 车站样本 数量	6	6	4	4	5	3	5	3	1	5	5	4	1	4	1	5	5	5	5	2	3	3	3	4	4	2	3

图 5 车站样本的城市分布

4.1.1 区位价值评价:60% 的新建车站距离城市中心约 5~8km,处于公共交通 1 小时联系范围

目前已建、在建的高铁站和城际站中,新建高铁站区多位于城市中心 5~8km 的近郊区域,距离城市中心有一定距离,但处于城市公共交通可便捷到达的区域;还有部分为改建的高铁站,多位于老城的核心区,交通便捷,但受建成环境影响,功能业态更新难度较大。

4.1.2 车站等级与开发规模评价:车站等级与开发不完全匹配,政府预期影响开发规模

在高铁站带来的区域可达性提升和城市快速拓展的预期下,城市政府寄予高铁站周边地区高度的发展期望,往往将其作为片区发展的动力引擎。在规划建设过程中,无论车站等级和规模如何,所在城市能级如何,与城市空间结

构关系如何，在地方政府和开发机构的双重期望和影响下，诸多高铁站周边提出了高强度开发和快速发展的愿景。但从实践效果来看，绝大多数新建车站未能实现既定的发展目标和开发规模。

4.1.3 建成环境评价：40% 新建站区开发建设比例超 50%，车站周边成为地产开发热点区域

样本案例中，位于城市中心的铁路车站多为既有站改造，周边开发基本已全部完成。在新建的高铁站中，有 40% 的高铁站区目前开发比例已经超过了 50%。这反映出目前车站作为城市的门户地具有引领区域发展和建设的导向作用，特别是在地产开发和城市运营方面都有较大潜力，是近几年城市建设的重要板块。

4.1.4 业态功能评价：核心区功能复合度高，大城市车站周边区域功能集聚明显

目前我国近 15 年新建的高铁车站在城市规划和开发建设过程中，都已经考虑未来站城融合的关联要素，周边已考虑植入部分城市功能，如商业商务、公共服务等，这些城市功能在空间布局的过程中，多体现出高度复合化的城市空间特征。尤其是近几年来，很多车站周边在方案设计中采用塔楼或垂直综合体的形式，体现功能的垂直立体复合，这点在大城市和特大城市较为明显。

4.2 实证研究中发现的普遍问题

4.2.1 主观开发意愿强烈，实际与愿景形成反差

近年来，围绕高铁车站进行新城新区开发建设一直是各城市的关注焦点。由于高铁站区带来的区域高可达性，成为周边地区发展的"重大机遇"。因而，各地纷纷提出超前的发展规划，乃至不切实际的高强度开发愿景，甚至在城市外围地区的车站周边也谋划进行类似 CBD 的规划建设导向。但由于开发的盲目性和不确定性，很多高铁新城并未有效激活，成功案例较少，普遍存在高铁车站周边地区发展动力不足，远未达到预期的开发效果。究其原因，在于城市和车站规模能级不足、城市建设开发水平的制约等。

图6 嘉兴南站开发预期（左）
与现状建设情况（右）对比
（来源：嘉兴市高铁南站片区
站城一体综合规划与设计公
示稿、课题组调研拍摄）

以嘉兴南站为例，政府给予高度的发展预期，希望打造成为嘉兴未来的城市新中心。但从2010年10月26日嘉兴南站投入使用到今天，经历了十年的开发建设，嘉兴南站周边仅有几处仓储物流和教育商务楼宇，并未形成有效的站城融合态势（图6）。

4.2.2 存在盲目建设，高价值区块被低效利用

高铁车站发展机遇的本质是面向区域的可达性提升，以及带动依赖于区域交通的相关功能和产业发展。而在高预期的发展冲动下，某些车站区域盲目追求开发进度，对紧邻车站周边的潜在高价值区块视作城市一般地区进行开发建设，地块开发与车站周边价值取向和人群特征并不匹配，追逐土地出让的短期收益现象明显。从长远来看，不利于车站周边实现综合效益和更高价值的体现。

4.2.3 中心区车站周边更新困难，外围车站区域开发进展滞后

以上海火车站为例，位于城市中心区范围，车站周边地区现状建设开发程度已经接近80%。由于建设时期较早，周边建成环境品质不高，以上海不夜城为代表的城市综合体功能业态水平相对较低，以低水平零售、餐饮服务为主。尽管紧邻车站区域，道路网络和城市轨道网络完善，区位价值很高，但由于建成区更新代价高、阻力大，该地区并未发挥车站地区区域性功能节点的价值。

另一方面，在过去十年高铁快速推进时期，受到高铁线形顺直和站址选择的影响，落位于城市外围的高铁车站，如无锡东站、嘉兴南站等，由于发展动力不足、定位不清晰、功能植入不力等原因，普遍发展较为缓慢和滞后。

4.3 站城融合发展条件总结

4.3.1 站城融合的基础必要条件

（1）适宜的车站区位价值

车站的区位价值直接影响到站城地区能否承载区域性的核心功能，实现车站的区域和城市功能。适宜的车站位置能够更好地集聚人群，同时方便更加高效地组织多种交通换乘方式，实现地区高可达性，从而更好地为车站区域性功能提供支撑。因此，适宜的车站区位是实现站城融合的重要基础条件。

（2）区域一体化需求带来的紧密联系人群

车站地区作为区域的枢纽节点，是否能够形成站城融合发展，取决于其所在的区域是否具有一体化发展的实际需求，以及一体化发展所带来的区域间密集、频繁的人员往来联系。在我国的主要城市群地区（如长三角、珠三角）或区域中心城市所形成的都市圈地区，已呈现区域客流的中短途、高频次、高时间敏感性等特征，此类人群对于站城地区实现综合性、融合性发展的诉求更为迫切，是站城融合发展的决定性条件。

（3）多网融合带来的车站地区高可达性

车站的交通功能是根本属性，随着多网融合的发展，多种交通方式在车站汇集，使车站成为城市重要的门户节点，面向区域和面向城市的交通可达性均得到大幅提升。特别是随着高铁、城际和城市轨道的快速发展，多种线型交通方式融合度不断提高，车站地区作为多网融合的承载主体，将依托自身的节点优势，更好地发挥站城融合的推动作用。

（4）车站地区功能的集聚和多样化

随着客群结构特征由长途低频向中短途高频转变，对车站的功能布局和空间组织诉求也在发生变化。多元目的的客群在此集聚，衍生出多种城市功能，使车站地区的功能从简单旅客服务转向多样化，出现商务、休闲、娱乐、会展以及旅游等多种衍生功能，使"门户地"变"目的地"。这种功能的集聚和多样化，促进了站城融合的进一步发展。

（5）城市政府的政策引导和公共服务设施配套

车站地区作为城市门户甚至地标形象地区，需要城市政府的主动引导。特别是在发展前期和站城核心地区，应明确发展功能定位、业态选择、扶持政策，引导车站周边地区循序渐进发展，逐步实现符合定位的高品质发展。同时，政府应关注站城地区交通、商务配套、宾馆酒店等基本公共服务设施的完善，使得站城融合发展具备完善的公共服务条件。

4.3.2 站城融合的催化动力因素

（1）车站地区良好的声誉

车站及其周边地区成为城市的门户形象展示区和高可达地区，形成良好的地区声誉，从而提升土地开发价值，进一步吸引优质的社会资本投资，从而推动车站地区的高价值实现。

（2）充分的城市开发需求

当车站及其周边地区发展到一定阶段，城市空间及功能区域相对稳定，人群特征和人群需求相对明确，站城融合的发展思路相对清晰，有城市开发诉求和区域功能发展期望的站城地区，才适合通过因地制宜的发展路径实现站城融合。

（3）前瞻性的车站地区规划设计

站城融合最终的落脚点还是城市空间形态，在车站及其周边地区的空间规划中，应具有前瞻性的规划意识，注重车站与周边城市功能板块的协调互补。对于发展路径尚未清晰，或未来功能尚有争议的区域，进行弹性预留，保证整个站城地区的有效开发。在车站及其周边地区的开发建设过程中，注重宜人魅力空间的塑造，通过高品质的城市空间满足客群空间环境品质需求，真正实现站城一体化的城市门户地区。

5 国际站城融合经验启示

纵观国外的铁路网络和站城发展，均已经过几十年的衍变，已形成逐步稳定的站城融合发展经验。本文拟从交通组织、价值取向、功能布局、地域个性和未来技术等五个方面对国际上站城融合较为成功的地区进行研究分析和经验总结。

5.1 交通组织：无缝衔接

枢纽车站是城市内外交通转换的重要地区，国外车站认为枢纽规划初期对交通的解决方案和规划设计是车站地区成功的关键，国外车站在交通组织上基本形成一体化、无缝衔接的综合客运枢纽交通衔接布局体系。

5.1.1 多网换乘，强化对外交通与城市交通的高效转换

多模式的线网在枢纽车站汇聚，如何实现多网的无缝和高效换乘是车站致力解决的首要问题。伦敦的圣潘克拉斯地区更为复杂，包括圣潘克拉斯车站、国王十字车站和尤斯顿车站。枢纽之间分工协作，其中圣潘克拉斯车站为高铁枢纽，欧洲之星终点站，开行至巴黎、布鲁塞尔等其他国家城市，日接发量约12万人次。国王十字车站联系东海岸主线沿线城市、伦敦北部城市等，日接发量约15万人次。尤斯顿车站联系周边城市，商旅通勤，日接发量约15万人次。同时三个车站之间与城市交通高效链接，每个车站均有5~6条城市轨道衔接并串联，枢纽间也可通过步道直达，形成伦敦运转最为高效的城市枢纽（图7）。

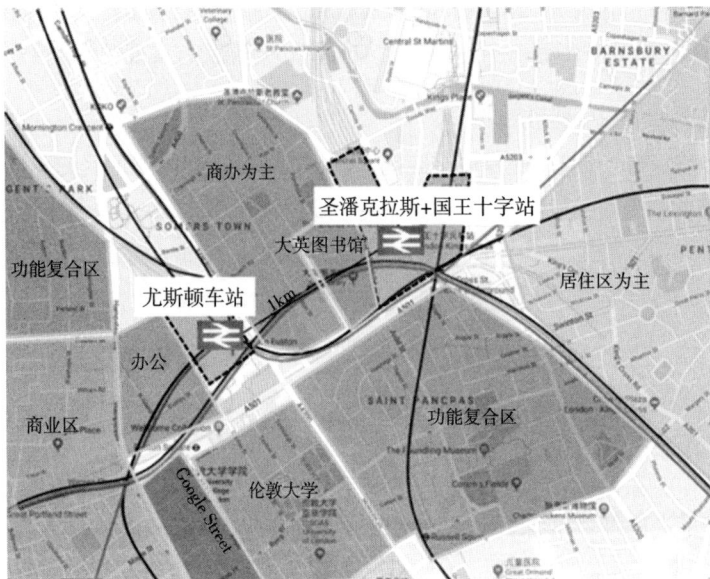

图7 伦敦圣潘克拉斯地区交通组织
（来源：根据 Google 地图改绘）

5.1.2 倡导绿色交通优先的集散体系

限制私人交通，鼓励绿色公共交通是国外车站在集散体系上核心倡导的价值理念。在阿姆斯特丹的中央车站集散交通设计中，可以看到以地铁、有轨电车、公交车、步行、自行车、轮渡为代表的公共交通布局在车站南北两侧可达性好，而个体交通仅在北侧设置接驳处可达性较差。2000年后，车站通过建设跨站的步行和自行车通道，配建立体化的自行车停车设施，不断优化改善非机动车与车站的链接，鼓励市民通过非机动车方式进入和离开车站。

5.2 价值取向：回归人本

5.2.1 塑造人性尺度空间，建设可步行站城地区

近些年，国外站城地区的规划价值取向进行重构，追求高效的同时回归人本关怀，"WALKABLE"成为站城空间组织的关键词。从国外成功案例来看，站城空间塑造越来越强调人性化尺度空间，塑造形成可步行的空间环境。在瑞士巴塞尔车站的改造中，提出重塑步行空间，将原先与站台链接的地下通道替换为架在二层、配有商业设施、步行环境友好的高架连廊，更符合人的行为需求和空间感受。

除了保证步行空间的舒适性和安全性，一些地区更是利用枢纽核心空间来进行步行系统组织完善，丰富站城地区的空间联系与内涵，提升城市活力。日本东京涩谷站是 8 条线通过换乘节点。由于地形复杂，通过纵向空间的改造，涩谷站内提供了有序的步行系统。车站中心将该步行系统通过和周边街区进行有序链接，形成了与周边城市节点无缝链接的城市步行系统网络。

5.2.2 提供车站为核心的新生活工作方式，车站即目的地

国外的车站在设计理念上由于车站多样功能的复合，已逐渐从过境场所变为复合场所。而"车站既是终点站，也是目的地"的价值观也应运而生，既是交通枢纽，也是工作生活的活力节点。满足不同人群需求的空间载体成为国际诸多车站打造的首要目标，在车站地区体验与感受新的生活与工作方式也成为一种时尚。欧洲里尔车站地区将欧洲里尔中心、城市公园、大宫会议与展览中心串联在一条大轴线上，使大量人流在这个巨大的城市综合体中川流不息，吸引了大量公司纷纷进驻。目前欧洲里尔中心平均每年吸引 1400 万的游客，会演中心每年接待 100 万以上来访者，吸引了大量来自周边城市的年轻人。欧洲里尔地区成功重塑了城市功能，成为承载城市新生活的重要承载空间。

5.3 功能布局：复合弹性

5.3.1 回归车站枢纽本身，集中打造功能综合体

高铁站点通常具有节点与场所的双重属性，寻求城市功能和节点交通两者之间平衡是目前交通枢纽地区发展的主流思想。车站本身则成为功能复合的最好载体，通过提高车站的空间活力性与社会融合性，使其成为城市综合体成

为国外车站发展的新主流。位于美国华盛顿特区的华盛顿联合车站是仅次于纽约宾夕法尼亚车站的全美第二繁忙的美铁车站。华盛顿车站内集聚了大量多元复合功能，包括购物中心、服务中心、美食街，文化馆、博物馆，等候途中的艺术熏陶成为人群新的体验乐趣，同时亦可以在车站内购物休闲，车站其本身是一件艺术品的基础上，叠加了多元复合功能，成为华盛顿新的车站地标和旅游打卡地（图8）。

5.3.2 以车站为中心的功能复合化与集约化

车站周边紧密的地区是引导车站刺激城市开发的重要场所，国外车站往往将高度复合化的城市功能聚集在交通便利的车站周边将乘客的步行距离尽量缩短，使得商务办公和购物娱乐活动变得更为便利，也进一步拓展站点周边的空间多样性。

日本横滨站未来港21街区的发展规划中，在片区定位时候将横滨站定位为"连接世界与横滨的门户、充满服务热情的横滨面孔"，站点东侧的港口地区、南幸地区、高岛地区分别定位为"以艺术与设计为主题的功能复合的中心居住地""可以享受商业、文化、娱乐之城""具有新的城市功能、风景和环境优美的综合城市地区，为横滨发展提供了支持"。同时横滨在以横滨站为主的一系列车站开展"会跳舞的比卡丘活动"，将城市营造为由工业转型为创新文化的旅游城市。站点成为城市活动展示的第一窗口，成为东京圈内最重要的活动之一。

图8 华盛顿联合车站（左）
图9 京都车站灯光秀（右）

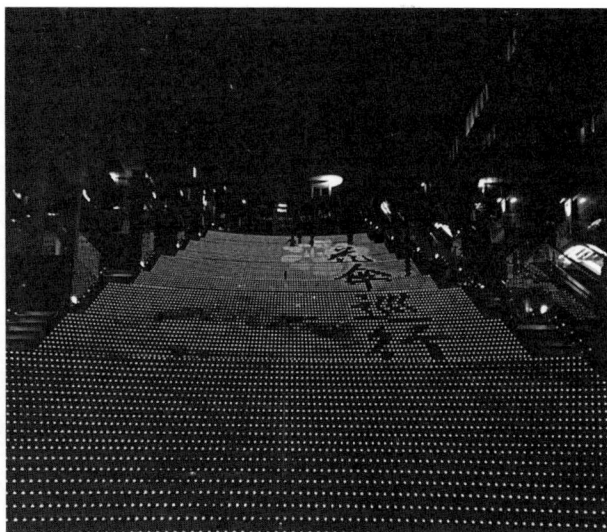

5.3.3 预留城市未来功能的弹性开发

非枢纽节点的城站开发具有很多不确定性,因此制定更为全面和明确的与时间相关的开发计划较重要,要为城市未来发展预留弹性。例如郊区新城的发展,从沿线开发的展开到沿线人口增大为止要经历漫长的阶段,初期建设阶段针对站前应当建设的商业和商务设施需求仍不明显。在日本很多车站地区均预留了一定比例的用地,作为未来城市功能的拓展空间,并在时间序列上逐步开发更新,让车站地区功能可以逐步更新和演进。

5.4 地域个性:文脉彰显

5.4.1 融入城市的肌理与空间秩序

国外的枢纽站点及周边地区往往更加强调与周边城市空间肌理的一致性和融入性,与周边环境形成一体化的整体空间秩序。如德国慕尼黑车站,位于城市中心区,新的城市设计通过交通的衔接、车站本身体量的消解和站前广场与周边地区的一体化,使得车站本身巨大的体量对城市的干扰达到最小化。

欧洲马萨里克火车站的最新周边开发规划中,设计师通过一系列规模和构成不同的建筑重新建设原荒地,并且与城市肌理相融合。最终站城地区与布拉格各区相接,从而使分隔它们的高速公路带来的影响降到最低。在建筑设计上,车站也考虑与周边建筑呼应,形成统一肌理,其中重要的建筑在立面上进行设计地域化,与布拉格的城区性格和肌理呼应,创造了站城地区建筑与城市之间的对话。

5.4.2 艺术人文化的公共空间设计

国外的枢纽站点公共空间逐步引入艺术化、人文化和休闲化的功能,取代集散功能成为人群乐于集聚、体验和休闲的地区。公共空间质量和品质提升亦反过来促进枢纽地区的经济功能进一步提升和发展。通过特定空间的文化设计,空间营造展现城市的艺术人文氛围。在日本京都车站通过露天舞台、室町小路广场等具有日本浓厚人文的设计,将紧急避难的非常通道整合为市民的活动场所。屋顶花园"大空广场"是一处眺望台,也是一座屋顶庭园,是以《竹取物语》为主题设计而成。空中走廊更是车站观赏京都景观的重要场所,同时车站周边地区不断丰富具有强烈的地域文化特色与个性,成为京都新的文化地标(图9)。

5.4.3 文化脉络传承，标志性与时代性共进

车站的厚重历史并不仅局限保护，在车站地区逐代更新中，将现代风格与传统历史结合是一种较好的做法。英国伦敦国王十字站曾经是维多利亚时代的工业心脏，二战后沦为废弃用地，后因市面萧条，贫民聚集入选"伦敦最贫困十大选区"。经过改造后，国王十字街内的历史建筑谷仓成为组织公共空间的最重要的地标建筑，广场设计了欧洲最大的水景喷泉，与历史上的河港景象相对应。通过重新设计运河走廊滨水空间，将市民活动空间导入"工业走廊"，完成空间及功能的转型。将车站周边空间链入城市运河公共空间系统，成为伦敦城市建设的新地标。

5.5 未来技术：低碳智慧

5.5.1 车站建筑的低碳化建设

国外的车站在很早期就重视环境保护，特别是在低碳排放方面，节能环保是车站设计的一大亮点。德国柏林中央火车站是欧洲最大的交叉式火车站。它不仅是柏林重要的交通枢纽，也是一座毗邻总理府和议会大厦的多功能建筑综合体。中央车站是按照德国最新的绿色建筑规范所建而成，同时也是全柏林最大的也非常具有代表性和示范意义的太阳能光电板应用建筑。中央车站450m长的拱形玻璃屋顶上集成安装了约1870m^{2}的太阳能发电光伏组件，不仅带来了大面积的玻璃自然采光，同时还能提供该车站部分所需电力。而巨大的玻璃穹顶也具有很好的吸声作用，为车站减轻了大量火车行驶所带来的噪声污染。

5.5.2 智慧未来，打造新技术应用的试验平台

新技术的发展不断促使车站探索智慧场景运用，"无人车站"等新理念也不断被尝试与实践。在东京高轮盖特威站中，日本创新在这一车站提出"可以想象未来的车站"理念，将"无人车站"在这里进行实践与探索。车站内除了开设有无人收款的便利店，搭载人工智能（AI）的机器人也将投入使用，例如负责担任换乘向导、警备及清扫工作。此外，乘客可以对着检票口内外设置的4台电子屏的麦克风告知目的地，即会显示出路径、路线图及所需时间等信息。乘客还可使用二维码将数据传送到自己的手机。该车站被铁路运营公司JR东日本定位为新技术应用的试验平台，于2020年3月开始临时投入使用以应对

2021 年的东京奥运会。

5.6 案例小结

从国际案例中我们可以看出国外的站城融合确实有诸多经验供国内学习，但另一方面我们应看到，由于国内外在铁路建设和车站管理方面体制机制的差异，在经验借鉴上不能简单照搬，而是应该因地制宜，探索建设具有本土特色的站城融合模式。与国外的不同之处主要有以下三点，需值得注意。

一是开发主体不同，必须重视规划先导。欧洲车站建设的资金来源由于国家不同而差距较大，多数国家政府均有参与；日本经历了铁路民营化过程，因此，车站开发分为公共开发和私营开发两类，同时，通过多个利益方成立协调小组的方式，参与开发全过程。中国的车站基本都是以政府为主导，因此在管控和规划上具有较强的管控力，市场介入较小，这就意味着前期的规划编制非常重要，政府的高执行力往往使得规划可以基本实现，如在上海虹桥站地区，由于前期编制的规划具有相当前瞻性和实操性，也推动了虹桥成为国内站城融合的最佳典范区。

二是规模和密度不同，必须合理把握开发规模和空间模式。欧洲城市地广人稀，重要枢纽站的日均客流量为 20 万左右，欧洲的高铁站区开发也有很多低密度的案例。日本由于人口密集程度较高，因此，重要枢纽站的日均客流量近百万。因此高铁站区几乎都选择高密度和高强度开发。进一步追溯到实际建设，可以看到欧洲的高铁站区更加重视站区的环境和城市公共空间的营造，不以牺牲环境来换取经济上的收益。日本的高铁客运站区由于国土资源和人口规模的限制，不得不以开发密度和容积率为优先考虑。条件允许的情况下，应对站区的环境品质、公共空间的魅力着重打造。回到国内，可以看到高强度高密度似乎成为站城融合的唯一标准，但却忽视了车站本身的客流量和所处城市的能级与人口密度。好的站城融合必须因地制宜，低密度低强度也可以做出特色化的站城融合样板。

三是管理体制不同，需要匹配相关管理规定以推动站城融合实施。国外的车站在管理上较国内相对宽松，在美国、欧洲很多车站都不做安检和检票，也使得车站更容易成为人口流动密集地区从而推动功能复合多元。国内车站往往在安检和检票上都有严格程序，使得车站地区进入性较差，人气不易积聚，因此如何打造车站综合体推动功能集聚还需进一步探索。

6 站城融合规划设计策略

6.1 总体目标与理念

未来站城融合规划设计策略将重点聚焦以人为本、绿色低碳、文化品质三大总体目标与理念。

（1）以人为本

适应未来铁路出行人群特征及需求的变化。从区际普速铁路时代到区际高速铁路时代，再到多网层次铁路融合时代，未来的出行人群时间价值更敏感，对高品质场所、高品质服务的需求更高。未来的站城地地区强调回归人的活动集聚，而非车辆的集聚，站城空间应从车行尺度转向人的活动尺度的关注、从展示宏大的建筑形象转向引领未来活力的生活方式。

（2）绿色低碳

绿色低碳的站城空间。未来站城地区应示范引领未来生活方式，应积极探索实践更绿色低碳的站城社区与建筑，注重与自然的结合、海绵城市、绿色建筑等理念和技术的应用。

绿色低碳的出行方式。优先发展站城地区的绿色交通集散体系。优先建设地铁及等大中运量公共交通接入站城地区，站城地区范围内发展便捷的步行和非机动车系统。

（3）文化品质

注重在地文化彰显。未来站城地区应与当地条件、文化特色相适应，在站房与站城设计中采用符合地域文化的设计手法、建筑造型、景观配置等。

注重公共空间品质。未来站城地区应关注营造高品质、有活力的公共空间，关注公共空间活动运营，吸引居民及工作人群的公共生活向街道、广场等公共空间集聚。

6.2 功能与空间形态

6.2.1 功能布局：打造契合多元人群需求特征的公共复合活动圈

（1）高时间敏感度圈层：交通目的客群 + 高效商务客群——构建快速的

城市交通系统，营造多元商务服务地和目的地

对于时间高度感的客群主要包括交通目的人群如换乘客群、当日往返的商务客群等，由于高速铁路、城际铁路具有可接受的交通成本和高准点率，在与其他交通工具的比较中具有较大优势（表3）。

高时间敏感度客群特征 表3

目的	活动路径	活动区域	人群特征
当日往返乘客特别是商务乘客	其他城市—市域商务区站—站区商务区——其他城市	高铁客运站；城市交通设施；办公区；商务区；餐饮区；短期住宿；城市公共空间	目的性强；站区停留时间较短；途外附属时间敏感；站区商务功能敏感；站区环境品质敏感；可能参与站区各种餐饮娱乐休闲功能
换乘乘客	其他交通方式或城市—站区—其他交通方式或城市	高铁客运站商业、餐饮区休闲、娱乐区城市公共空间	站区停留时间较长；交通换乘便捷敏感；站区环境品质敏感；站区餐饮娱乐休闲；衍生功能使用可能较大

时间高度敏感的客群往往出行频次较高，以中短途乘距为主，其中很多人群要求当日往返，属于高客流能级，对车站要求随到随走，站台直接候车，站区停留时间较短，对时间价值十分敏感。同时，对场所的空间品质和服务要求也相对较高，可能参与站区餐饮娱乐休闲功能。

因此，站城融合的核心区域针对时间高度敏感的交通目的客群，应注重建立快捷高效的换乘系统，节约换乘时间；针对高时间价值的商务客群，应提供"门户地即目的地"的商业商务空间，并在周边地区提供相关咨询、金融网点等服务设施，也可植入高端品牌、轻奢品牌、旗舰店等，并辅助艺术画廊、小型展馆等功能吸引人群停留（表4）。

（2）中时间敏感度圈层：城市工作客群——打造公共服务主导的多元价值门户地，功能高度复合

中时间敏感度的客群主要以城市工作客群为主，这类客群的目的地为车站周边的商务办公地区，客群来源主要包括本地市民和外地铁路到达客群。对车站的停留时间较短，对车站与周边地区的可达性要求较高，希望能够迅速到达车站核心区以外的城市目的地，可能参与核心区各种餐饮、娱乐、休闲功能（表5）。

高时间敏感度客群圈层活动特征总结　　　　　　　　表4

时间敏感度	主要客群	功能活动圈层特征	价值导向	活动圈主要功能	功能示例	活动圈辅助功能	拟选案例
高时间敏感度圈层	交通目的客群、高效商务客群	出行频次较高，以交通目的中短途乘距为主，对车站要求随到随走，站区停留时间较短，对时间价值十分敏感，对场所的空间品质和服务要求也相对较高	快速的城市交通系统，元多商务服务+目的地	换乘交通系统	GTC换乘中心；立体停车楼	艺术画廊，小型展馆	华盛顿车站、纽约中央车站
				高端商务	商务会议，总部		
				时尚商业	高端品牌/轻奢品牌/专业店，旗舰店，品牌店		
				金融广告等咨询服务	面向区域服务，信息平台共享度高		
				酒店住宿	高星级酒店，高端酒店式时租公寓		
				餐饮	米其林，品牌餐厅，品牌咖啡		
				商业	地域特产店，品牌店		
				餐饮、娱乐、休闲产业	地方特色餐饮		

中时间敏感度客群特征　　　　　　　　表5

目的	活动路径	活动区域	人群特征
市域办公、商务往来人员	市域居住地—站区商务区—市域居住地	城市交通设施；站区办公区站区；商务区；居住区；城市公共空间	站区停留时间很长； 站区办公功能敏感； 站区商务功能敏感； 居住区可达性敏感； 交通换乘便捷敏感； 城市交通品质敏感； 站区餐饮娱乐休闲功能使用频繁

　　因此，站城融合核心区域针对中等时间敏感度的城市工作客群，应构建兼具公共性和复合性的城市生活圈。首先，满足公共服务需求，结合客运站提供高效换乘流线，设置专门停车设施和咨询服务中心；与此同时，结合车站地区的公共空间和商业流线，布局餐饮、娱乐等休闲功能，以多元混合的功能组织形式为主，打造公共服务主导的多元价值门户地（表6）。

中时间敏感度客群圈层活动特征总结　　　　　　　表6

时间敏感度	主要客群	功能活动圈层特征	价值导向	活动圈主要功能	功能示例	活动圈辅助功能	拟选案例
中时间敏感度圈层	城市工作客群	对车站的停留时间较为敏感，对车站与周边地区的可达性要求较高，能够迅速到达到车站核心区以外的城市目的地	公共服务主导的多元价值门户地，功能高度复合	换乘系统，停车设施	立体停车楼	广场、公园绿地；居住社区	法国里尔站、日本东京站
				一般商务办公功能	适应大中小各类企业的soho		
				商业	零售，百货，便利店		
				餐饮	一般性大众餐饮，快餐		
				度假、旅游风景区功能	主题乐园、特色小镇		
				商业	地域特产店，品牌店		
				餐饮、娱乐、休闲产业	地方特色餐饮		

（3）低时间敏感度圈层：城市衍生功能客群——门户地变目的地，引入"文化 + 创意 + 景观"等衍生功能激活站区

低时间敏感度客群以休闲娱乐等城市衍生功能为主，客群来源主要分市域某地或外地城市，多以站区购物、旅游等为主，注重站区功能空间特色化体验（表7）。

低时间敏感度客群特征　　　　　　　表7

目的	活动路径	活动区域	人群特征
购物、餐饮休闲、娱乐功能使用者	市域某地或外地城市—站区商业、休闲区—市域某地或外地城市	城市交通设施站区；商业区站区餐饮区；站区休闲区；站区娱乐区；城市公共空间	站区停留时间很长；站区商业环境敏感；站区可达性敏感；站区购物餐饮娱乐休闲功能使用为主

因此，站城融合的核心区域针对时间敏感度客群，应更加注重车站周边核心区域空间环境塑造，营造多元、活力、可游性强的公共空间，引入文化性、

创意性强的景观小品元素，并融入具有地方特色的餐饮店和地域特产专卖店，使门户地变目的地，增加客群休闲娱乐体验（表8）。

低时间敏感度客群圈层活动特征总结　　　　表8

时间敏感度	主要客群	功能活动圈层特征	价值导向	活动圈主要功能	功能示例	活动圈辅助功能	拟选案例
低时间敏感度圈层	城市衍生功能客群	多以站区购物、旅游等为主，更加注重站区功能空间的实际体验，对站城融合地区的空间品质和空间特色要求较高	门户地变目的地，引入文化＋创意＋景观激活站区	便捷城市交通系统	长时间停车场、换乘中心	酒店；广场公园绿地	国王十字站、鹿特丹车站
				度假、旅游风景区功能	主题乐园、特色小镇		
				商业	地域特产店，品牌店		
				餐饮、娱乐、休闲产业	地方特色餐饮		

6.2.2　空间形态：因地制宜的塑造三类车站核心区空间形态

（1）强度较大的超高程度开发型：以站房为基础，周边建筑高度较高，打造城市门户地标与综合服务节点

常见城市以区域性节点城市为主，站点周边商业商务需求量较大，城市区域能级较高，商务通勤成本要求严格，要求出站即可达目的地。由于站点周边高强度开发，建筑尺度较大，高商务量不适应中小城市的实际需求（图10）。

日本东京站及周边地区，以东京站为中心节点，向东经过站前巴洛克风貌区、高端商务区、文化艺术区、公园绿地空间，延伸至皇家宫殿；向西南方向经过银行总部区、特色餐饮区，至滨湖新川公园，整体开发强度较高，高层建筑密度较高（图11）。

图10　强度较大的超高程度开发型空间组织形式（来源：课题组自绘）

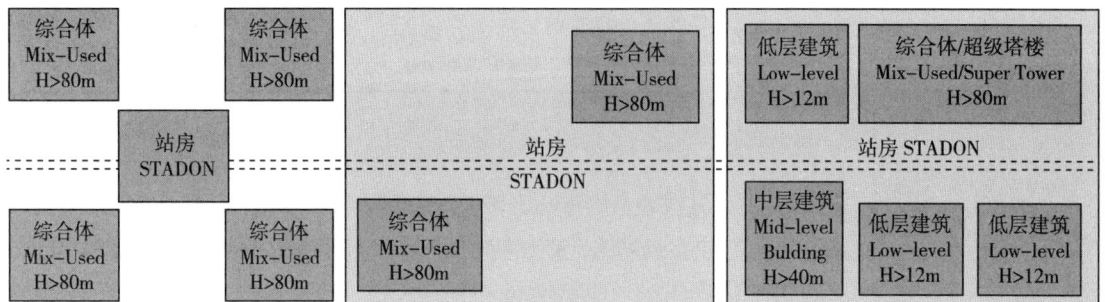

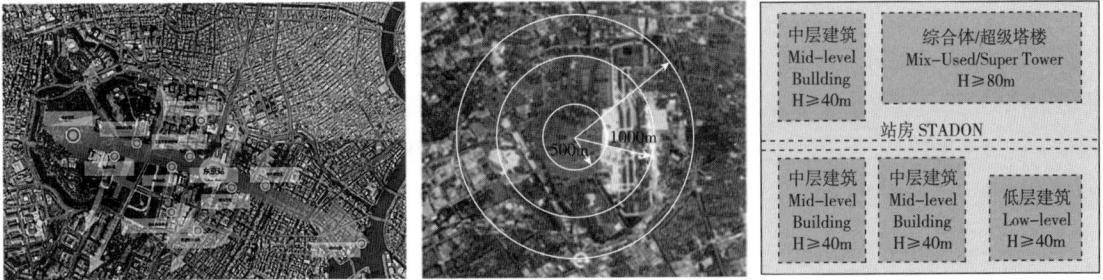

中层建筑 Mid-level Building H≥40m	综合体/超级塔楼 Mix-Used/Super Tower H≥80m	
站房 STADON		
中层建筑 Mid-level Building H≥40m	中层建筑 Mid-level Building H≥40m	低层建筑 Low-level H≥40m

图 11 日本东京站空间布局
形态特征
（来源：课题组调研根据
Google 地图改绘）
图 12 上海虹桥站周边地区
建筑组织形式（右）
（来源：课题组自绘）

综上所述，高开发程度的地区，用地较为紧张且土地价值较高，多采用高强度、高密度、较高建筑高度的空间形态，其中超高层建筑以打造区域性门户地标为目的（表 9 ）。

强度较大的超高程度开发型车站空间形态特征 表9

	开发强度	建筑高度	建筑密度	居住用地占比
价值区间	4.0 以上	最高建筑 80~100m	≥ 30%	≤ 30%

（2）区域功能主导的均衡开发型：站房周边均衡化开发，常出现商务会展、区域服务等功能，门户地即目的地

均衡开发型车站地区，站房区域与周边建筑形成一定的空间呼应，呈现高度适中、均衡化开发的特点，主体功能以商务办公区和居住社区为主，部分配有会展办公功能，建筑密度较高。

以上海虹桥站为例，虹桥枢纽地区严格控制建筑高度，建筑形式以裙房为主，建筑高度较低但建筑密度相对较高（图 12 ）。建筑功能以商务和会展为主，通过中低层的建筑组织，形成尺度宜人的高品质商务办公区，成为各大公司企业总部云集的"目的地"。

综上所述，均衡型开发的一般开发强度车站地区，常以某一项或多项功能为主导，形成具有一定特色的空间形态特征（表 10 ）。

区域功能主导的均衡开发型车站地区空间形态特征 表10

	开发强度	建筑高度	建筑密度	居住用地占比
价值区间	1.5~4.0	最高建筑高度 40~100m	30%~40%	≤ 40%

（3）城市复兴导向的低程度开发型：与周边建筑紧密结合的低强度站区，成为城市活力复兴的重要节点

城市复兴导向的低程度开发型站区多位于老城核心区和城市功能节点性地区，站房与周边建筑采用有机的组织形式，功能以公共服务和商业休闲为主，形成城市的门户节点。站房建筑与周边建筑相互联系，周边建筑整体开发强度较低，建筑密度较高，城市肌理感较强，空间感受变化丰富，对周边建筑的功能和空间流线组织要求较高。

以荷兰鹿特丹车站为例，车站位于老城中心区域，周边有大规模的城市公共集散广场，建筑密度较低，与周边老城建筑结合紧密成为地区性的门户节点。日本奈良站结合周边大学、医院等公共设施布置，车站地区建筑密度较低，公共空间开放性强。

综上所述，城市复兴导向的低程度开发型车站地区，多结合周边建筑进行门户功能升级，站城融合趋势明显，需结合现状周边建成环境进行统筹开发（表11）。

城市复兴导向的低程度开发型车站地区空间形态特征　　　　表11

	开发强度	建筑高度	建筑密度	居住用地占比
价值区间	1.5 以下	整体低于 60m，有局部较高地标塔楼形式	30%~40%	≤ 40%

6.2.3 站城运营：制定正反面清单，用地弹性拓展战略性留白，平衡城市区域新功能

车站地区的空间形态与功能布局紧密相关，如何在车站及其周边地区植入区域和城市发展的新功能，同时又能保证城市空间质量成为站城融合的关键。

（1）提升功能质量，制定功能发展的两类清单

主要包括做精核心功能的正面清单和明确禁入低端功能的负面清单。以上海虹桥枢纽为例，在正面清单中，鼓励进一步强化虹桥的区域功能能级，包括商务决策、贸易会展、创新和公共服务四个方面。提出建设高水平对外开放的会展贸易门户，鼓励引进高层次海外投资、专业服务、数字贸易等新兴贸易平台和国际交往平台。做强高端商务功能，提升企业入驻标准，发展总部经济。加强创新培育，强化虹桥的创新服务职能，建设虹桥创新中心。完善区域公共服务，加快集聚以服务长三角为目标的医疗、文化、体育、教育等高能级公共服务设施。

（2）弹性发展控制，预留区域功能承载空间

以上海虹桥枢纽为例，根据国家和长三角战略要求，未来区域性功能发展仍具有较大的不确定性。因此，在虹桥地区划定一定规模的备用地，作为未来区域功能的承载空间。同时，针对会展中心周边的配套功能需求，研究通过空间更新机制提高服务能力，以便支撑区域功能进一步发展。

6.3 建成环境要素设计

6.3.1 当前高铁地区建成环境的不适宜性

（1）空间联系的不适宜性：忽视与城市的联系

当前，高铁站地区的开发普遍具有高强度、大尺度的特征，然而在该建设模式的背后，高铁站地区建成环境存在诸多的不适宜现象。部分高铁站选址位于城市建成区外围，与城市中心相距 50km 甚至更远，行驶时间超过 1 小时，高铁站与城市在地理空间上分离，形成"高铁孤岛"；同时，高铁站设计时注重交通功能，快速匝道与城市隔离，进一步加剧了高铁站与城市的割裂感。

（2）空间尺度的不适宜性：过于强调站前广场的恢弘气派和街区的超大尺度

恢弘气派的站前广场和尺度过大的高铁站街区也是许多高铁站的通病，如常州北站高铁站站前广场面积达 15 万 m^2，过于强调站前广场的恢弘气派，导致高铁站站前广场尺度过大，使用率低下；同时，尺度过大的高铁站街区设计，虽然利于小汽车快速通过，但忽视了慢行系统，特别是乘客步行的体验。

（3）地域文化的不适宜性：站房设计忽视地域文化特色

高铁站作为城市门户，其设计应当体现地域特色，但部分高铁站站房设计没有体现地域特色，如石家庄作为火车拉来的城市，而石家庄北站惨遭乘客吐槽，被戏称为"板房北"；甚至有些高铁站存在"模仿"甚至"抄袭"的嫌疑，如南平北站、内江北站，分属福建省和四川省，地理位置上相距甚远，但形态雷同。

6.3.2 建成环境设计的需求变化

随着科技的进步和人们生活水平的日益提高，依托高铁出行的人群呈现日渐多元化的趋势，从单一的交通人群转变为旅游人群、商务人群、打卡人群

等多元化人群，高铁站也从单一的交通需求到具有舒适性、体验性、归属感和时尚感的多元需求，高铁站功能从注重交通功能逐步转变为多元功能，高铁站也从单一的交通空间，逐步转变为城市功能空间的一部分。

6.3.3 精致宜人的空间品质

（1）宏观层面：体现区域地标性，凸显城市门户形象

高铁地区精致宜人的空间品质塑造，在宏观层面要实现街区风貌协调。为营造和谐的街区风貌，首先需要体现区域地标性，凸显城市门户形象，如鹿特丹中央车站与都市景观相匹配，在大都市的标志性高度与反映人体尺度上实现了平衡，经由公共交通终端附近致密的小尺度城市肌理，高铁站与城市周边融为一体，车站区域的生活和环境品质得到明显的提升。

（2）中观层面：风貌统一、空间连续、形态一体

高铁站地区的空间设计也需要从整体视角进行统一设计，使其风貌统一、空间连续、形态一体，如日本新横滨站地区的建筑风貌十分协调，统一采用现代建筑风格，色彩上以白、灰和浅蓝为主；同时，注重高铁站地区的建筑轮廓线，做到中心突出，高低错落，不遮挡重要景观，营造良好的城市门户形象。

（3）微观层面：舒适性的步行环境设计

为打造舒适性的步行环境，在车站内应当营造通畅、可识别的空间，设置清晰的标识系统，打造无障碍的步行环境；连接处应当设置无风雨的步行设施，通过风雨廊桥连接车站与周边建筑；街区营造具有活力的步行界面，注重建筑底层空间塑造，打造丰富的空间层次，营造丰富协调的建筑立面。

6.3.4 特色彰显的场所精神

（1）尺度适宜且站城共同使用、功能变换的广场

打造尺度适宜、功能活力的站前广场，一方面，小尺度站前广场利于聚集人气，如巴黎站站前广场面积约 1 万 m^2，德国科隆火车站站前广场面积仅0.6 万 m^2；另一方面，小尺度的站前广场更利于与城市功能融合，体现城市特色，如德国科隆火车站站场附近集中了科隆较为重要的城市功能，旅游、餐饮、商贸发达，出站即可见科隆大教堂。此外，鼓励"站前广场地摊经济"，注入活力多彩的临时功能。

（2）宜人的建筑群体与竖向界面

精致宜人的空间品质能提高人群在高铁站地区的使用舒适度，而特色彰显的场所精神能更能提高人群的心理舒适度。应当构建尺度适宜的建筑群体与竖向界面，包括建立分层级的空间尺度、合适的宽高比、合适的界面高度，如《虹桥商务区规划建设导则》提出，"商业商务为主的街区尺度宜控制在 0.8~1.5公顷，不宜超过 2.0 公顷；1.5：1~1：2 之间的高宽比较为宜人；底层建筑 / 裙房的界面高度控制在 15~24 米之间，不宜超过 30 米"。

（3）具有地域文化的公共空间

高铁枢纽地区要避免成为"非地方化"，空间营造应充分体现所在城市的特色与文脉，空间布局应结合城市整体的空间形态、山水特征和文脉格局等来展开，打造彰显地域文化的公共空间。一方面提供本土文化展示空间，如日本京都站成为古城最佳观赏点，另一方面，设计地缘特色的微景观小品，如哥本哈根中央车站欧式拱形玻璃、赫尔辛基中央火车站巨型雕塑等。

6.4　交通支撑与集散体系

站城地区车站高可达的交通枢纽功能是引发其他城市功能集聚的源动力。因此，应避免过于强调城市功能开发而牺牲交通功能，最终将影响站城地区整体发展。在研究站城融合发展时，必须将交通功能的高效组织作为站城功能组织的首位任务，寻求交通功能与城市功能的最佳平衡点。在构建站城融合区域的交通支撑和集散体系过程中，可以适当分离枢纽交通和地区内部交通两个流线组织，从而达到站城融合的交通高效率、高便捷性和高品质发展。

6.4.1　构建站城绿色交通可达最优的集散体系

目前我国铁路枢纽大多构建以小汽车可达最优的枢纽集散体系。多数大型高速铁路客站设计往往将"小汽车专用高架匝道直达站厅"作为优先考虑的交通集散模式，而公交换乘距离相对较远、步行与非机动车的车站可达性较低。但这种交通集散模式与当前枢纽集散模式逐渐不匹配，国内特大型车站公交接驳比例仍高于小汽车，尤其是有地铁服务的车站。地铁与地面公交换乘比例多在 50%~60%（地铁远大于地面公交），小汽车 + 出租车接驳比例在30%~40% 区间。

未来站城地区将集聚更多的人流，绿色交通是最适合大规模客流、可靠性最高、最具活力的集散方式。从当前日欧地区多数火车站站前的交通组织模式也可以看出，车站多为站台候车、地面层进出站模式，车站的集散模式也明显体现出绿色交通可达最优（图13）。国内机动车进站匝道直联站厅的模式几乎很难见到，站前保障地面公交相比小汽车更加靠近车站主入口。

未来随着客流特征与进出站组织模式的转变，我国铁路客站也应逐步从"小汽车可达最优"逐步转向"绿色交通可达最优"。未来铁路客站可以从多个方面构建绿色交通可达性最优的集散体系。①关注不同空间尺度打造高效绿色交通集散体系，如强调紧密站城范围内步行高可达、周边3km范围内骑行高可达、周边10km范围内轨道与公交高可达等；②关注站前空间对于绿色交通体系设施空间的优先保障，在站前空间分配上优先保障绿色交通的接入便利性。如深圳福田车站四周并未设置私人小汽车的接送站区域、更多考虑公交与出租车便利集散；③关注枢纽界面的组织，未来城际与市域铁路站场应当更加突出绿色交通体系靠近车站，界面上更加体现绿色交通优先，打造绿色活力集散的典范；④从"强调设施建设"转向"强调服务与体验"。落实公交换乘距离最短、铁路与轨道间安检互信、便捷购票乘车等。

图13　绿色交通可达最优的集散模式（荷兰阿姆斯特丹站）（来源：根据Google地图改绘）

6.4.2 强化以站城带动新城的局域公交服务

目前，国内枢纽地区轨道服务普遍存在"只注重车站衔接、忽视站城地区服务"的问题，轨道服务普遍单点集中在铁路车站，站前地区及周边地区缺少轨道服务。如虹桥枢纽，2号线、10号线、17号线集中接入在虹桥枢纽，虹桥商务区核心区缺少轨道服务。这造成城市轨道间换乘客流叠加在铁路枢纽、站前开发客流与铁路客流单点叠加（图14）。高度成熟的站城地区，城市轨道换乘客流、站前开发客流往往超过铁路车站客流，客流集中在单个车站，容易产生较大的相互干扰、高峰期间单个车站不堪重负。

未来骨干公交网络将逐渐从"车站单点集中"走向"站与城兼顾"。从日欧大客流站城来看，以东京站与丸之内地区（约1.2km²）为例，部分线路未直接接入车站，而是布局在站前开发之中，重点服务站前开发地区的同时又形成新的换乘站点，与枢纽的轨道站点共同服务站点地区。从最新的规划中可以看到，虹桥枢纽正在逐步完善商务区及虹桥主城的轨道网络（图15）。

未来我国站城地区可以从以下几个方面构建站城兼顾的骨干公交系统。①完善站城地区轨道服务，对于多线接入的站城地区，并非所有线路均需接入车站本体，应考虑对紧密站城内的整体支撑；②完善新城的轨道交通服务，提升新城的轨道服务、优化线网换乘，减少车站地区不必要的换乘集中；③构建站城中运量系统。构建从站城向周边地区的中运量系统，弥补周边地区轨道覆盖的不足，促进站城与周边地区的融合。

图14 铁路车站、站前开发、轨道换乘客流单点叠加示意（左）
（来源：根据Google地图改绘）
图15 站城兼顾的轨道服务模式（上海虹桥主城区）（右）
（来源：虹桥主城区单元规划）

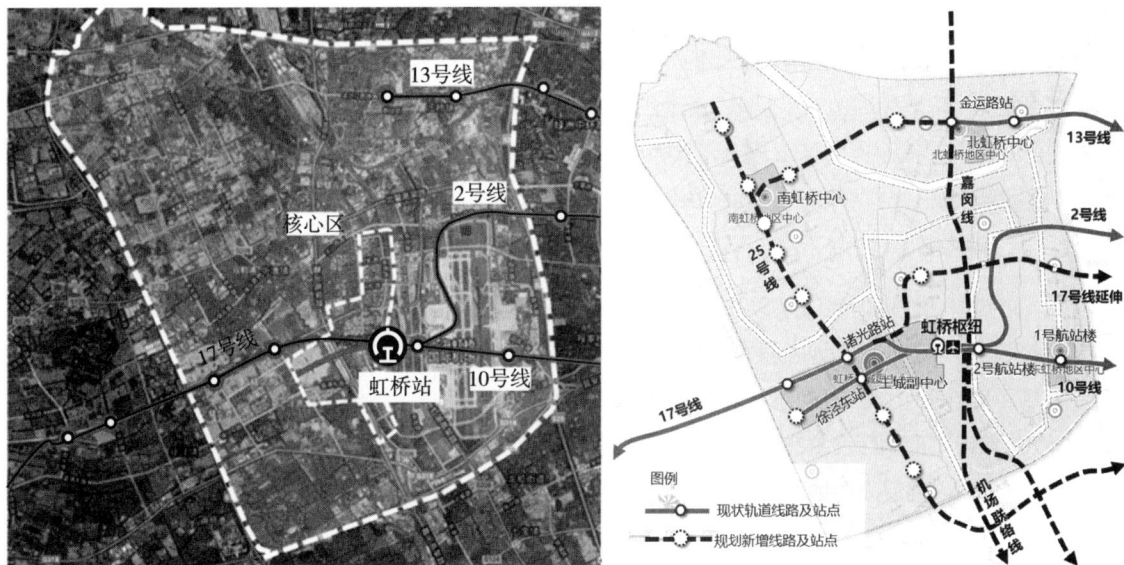

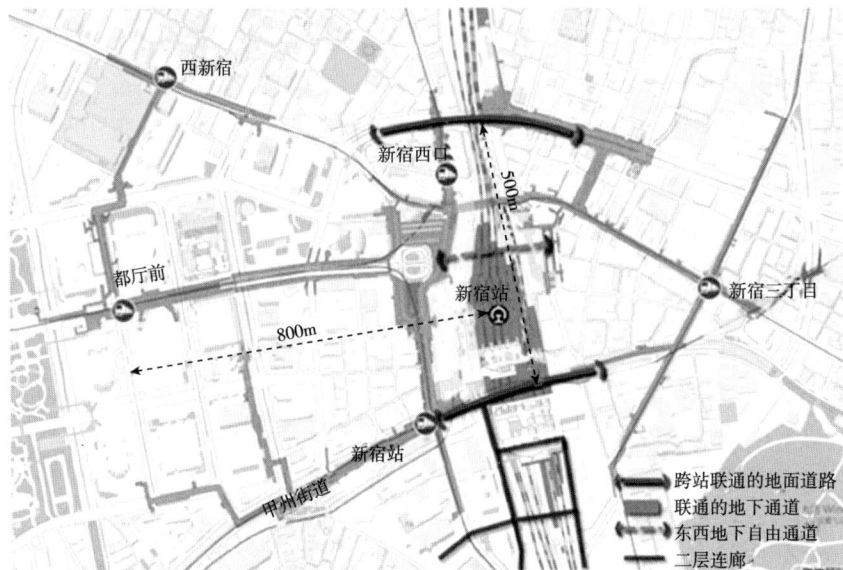

西新宿

新宿西口

500m

都厅前

800m

新宿站

新宿三丁目

新宿站

甲州街道

跨站联通的地面道路
联通的地下通道
东西地下自由通道
二层连廊

图 16　以便捷的步行系统带
动跨站融合示意（东京新宿站）
（来源：根据 Google 地图改
绘）

6.4.3　以步行与非机动车为重点实现跨站融合

当前国内多数铁路客站呈现单侧发展，很少实现双侧融合发展。从车站两侧联系来看，在跨铁路通道上，只能保障少数机动车通道的连通，步行和自行车通道联系更加不便，主要表现为跨站步行与自行车通道数量少、间距大、路径不直接便捷、地下通道环境品质不高、天桥高差大缺乏无障碍设施等，对于跨铁路两侧的融合发展带来了很大障碍。

从日本欧洲顶级站城的实践看，日欧顶级站城普遍重视强调以步行与非机动车为重点实现跨站融合。如东京站城与丸之内地区、新宿站，除保障两侧地面道路连通外，结合车站设置了多条自由步行通道，并通过较大规模的地下通道将车站和周边联系起来。在荷兰，自 2000 年以来，阿姆斯特丹、鹿特丹中央火车站等多个车站开始在紧邻车站出入口的位置新增地面层的跨站非机动车通道，保障车站两侧步行和自行车系统的连续，以促进跨站的功能融合（图 16）。

未来我国站城地区可以从以下几个方面改善跨站融合。①保障高质量的跨站步行通道，优先保障地面层的步行和非机动车的连通、缩短步行与自行车跨站通道平均间距、结合商业文化设施改善地下步道的环境品质、增设无障碍设施；②结合轨道站厅设置非付费的跨站步行通道；③实现两侧开发地下步行网络的连通，以高品质的地下步行系统提升两侧功能联系的便捷程度。

6.4.4 创造促进人际交往、公共生活的街道网络

以往国内高铁站城侧重以宏大空间形态展现城市形象，聚集较多的百米级商业商务楼宇、大型城市级公建，带来较大的街区尺度、较大建筑退界空间，造成街道网络与街道空间不利于步行与骑行。未来在紧密站城范围内应更加注重形成促进人际交往、公共生活的街区网络。重点从以下几个方面构建。①提升步行与非机动车网络密度、缩小街区尺度，实现便捷的街道网络；②营造丰富的街道空间，推进建筑退界与路侧带的整合设计，形成街道界面和街道横断面设计的互馈机制；③连接街道步行空间与小广场、绿地，形成引人驻足的可步行网络。

7 结语

站城地区发展并非全新话题。但随着我国城镇密集地区率先进入更高质量一体化发展，以及多网融合铁路网络和枢纽的快速推进，站城融合这一议题需要重新审视。

站城融合是受城际人群特征及其出行需求、铁路网络及枢纽结构特征以及站城集聚功能类型及空间布局特征等多因素共同影响的动态过程。在站城地区规划建设中，应因地制宜，体现不同类型、不同地区、不同阶段的差异性。

新时代发展背景下，站城融合的研究和实践应从设施和空间的视角转向人的视角，车站及周边地区人群的活动和诉求是站城融合发展的基本出发点。以站城融合谋求更高质量的发展，需要新的理念、价值导向和设计策略，从而实现区域、铁路、城市和人的共赢。

本课题研究尚在进行当中，仍有诸多问题有待进一步深化与研究。希望在课题完成之时能够形成更加完善、更加丰富的原理、规律和方法体系，助力中国站城融合发展实践。

注：除注明外，本文图片版权归作者所有。

参考文献

[1] 国家发展改革委.关于当前更好发挥交通运输支撑引领经济社会发展作用的意见 [EB/OL].2015-05-07.
https: //www.ndrc.gov.cn/xxgk/zcfb/tz/201505/t20150527_963843.html

[2] 李晓江.京津冀协同视角下雄安新区发展的认识 [R/OL].中国城市规划学会. 2018-01-08.
https: //mp.weixin.qq.com/s?src=11&timestamp=1608107812&ver=2769&signature=TUxXISr-PjItCTR0Qpl*ex8Y5kNPGCHf2P-mrsv34Yy-IrPxK9InuMJuIHtI*zvBDiiCwk3o7AY96Ve75*DeOANcGsOvMLDoAWLBi041-76l*6gh*9VE*pAdNeij*03UfD&new=1

[3] 王辑宪,林辰辉.高速铁路对城市空间演变的影响:基于中国特征的分析思路 [J].国际城市规划,2011,26(01):16-23.

[4] 王兰,王灿,陈晨,顾浩.高铁站点周边地区的发展与规划——基于京沪高铁的实证分析 [J].城市规划学刊,2014(4):31-37.

[5] 王昊,倪剑,殷广涛.中国铁路客运枢纽发展回顾与展望 [J].城市交通,2015,13(5):15-23.

[6] 刘文学,蒲爱洁.铁路简史 [M].北京:中国经济出版社,2020.

[7] 徐循初,黄建中.城市道路与交通规划(下册)[M].北京:中国建筑工业出版社,2007.

[8] 中华人民共和国国家统计局.中国统计年鉴 [M].北京:中国统计出版社,1979-2019.

[9] 克里斯蒂安·沃尔玛.铁路改变世界 [M].刘媺译.上海:上海人民出版社,2019.

[10] 矢岛隆,家田仁.轨道创造的世界都市—东京 [M].陆化普译.北京:中国建筑工业出版社,2016.

[11] 蔡润林.基于服务导向的长三角城际交通发展模式 [J]. 城市交通,2019,17(1):19-35.

[12] 蔡润林,何兆阳.长三角铁路网络和枢纽:新趋势、新路径、新机制 [R/OL].规划中国. 2020-7-29.
https: //mp.weixin.qq.com/s/3IUVlJPOjcl4bysdCZoT7g

[13] European Commission.EU Transport in figures[R].2018.

[14] Japan Statistics Bureau. Japan Statistical Yearbook[R/OL].2019[2020-12-12].
http: //www.stat.go.jp/english/data/nenkan/

[15] 彼得·卡尔索普.未来美国大都市:生态·社区·美国梦 [M].郭亮译.北京:中国建筑工业出版社,2009.

城市设计："站城关系"的线索和思考
Urban Design：Reflection On the Relationship of Station-City

庄　宇　王馨竹　崔敏瑜
同济大学建筑与城市规划学院；arch-urban@163.com
Zhuang Yu　Wang Xinzhu　Cui Minyu
College of Architecture & Urban Planning，Tongji University

　　摘　要：本文从城市设计的视角，尝试通过案例分析，归纳全球铁路车站的"站城关系"类型和构建特征，诠释了"站城融合"的目标在于需求站与城整体效应而非单方利益或效率的最大化，同时，基于对我国当下车站转型与城市发展的趋势的观察和思考，提出重构"动线网络、交通政策、轨道效应、城市功能、体量和尺度"五大线索来创造我国新型"站城关系"。
　　关键词：城市设计；站城融合；站城关系；车站枢纽；城市活力；整体效应

　　Abstract：With perspective of urban design, the paper tried to generalize the types of station-city's relationship and its character with world-wide case-study, and to propose the goal of "Station-city synergy" is maximum the effect of station-city as a group instead of single part. Meanwhile, based on observation and thought on the transformation of contemporary railway terminal and city development, the paper suggested to rethink five clues as circulation grid, transportation policy, metro effect, city function and dimension of station building to create new type station-city relationship in China.
　　Keywords：Urban design；Station-city synergy；Relationship of station-city；Railway terminal；Urban vitality；Group effect

1　引言：站城融合

　　随着中国城市的迅速成长，特别是大中城市的产业升级和人口集聚，对铁路客运提出了新的要求。一方面，原处中心地带或边缘的车站在城市扩张中区位优势凸显，但不堪客流增加汇集重负，车站扩容成本大且用地受限；而另一方面，应对快速增长的城际等铁路客运需求，建设的新型铁路客运站及枢纽车站不得不在中心城区外围甚至郊区选址，从而更快地建成车站，并通过城市轨道或公交完成衔接。

铁路和车站巨大的建设成就是毋庸置疑的，拉动了国家经济的发展，也提升了国民的生活便利和幸福感。但"站城分离"的问题也逐步显现出来：在城市公共交通尚未与车站集散人流匹配的情况下，大流量机动导向下的快速道路和停车场如同铁路线路对城市产生了明显的切割；为集中铁路客流建设的大体量车站枢纽不仅造就了孤立于（已有或规划）城市的超大尺度街坊，也分隔了相邻街区城市动线和功能的延续；由于车站和城市各自独立的管理目标，导致两者功能互不介入，使得车站地区容易从城市整体中独立出来，成为单一交通功能而缺失城市活力的"特别区"，使得土地区位和人流集聚的经济价值都未能充分发挥。

站城分离的原因有多方面的，如管理的条线分割带来的视角差异和目标差异等，从全球的视角来看，各个城市中的站城关系也是有差异的（图1），尽管有不同的实际情况如车站的开放与否、客流的集散能力、铁路发车间隔（频次）等等，但各地都是**把车站（枢纽）作为城市的组成部分来开展设计，处理好两者在"集聚"（活力）与"疏解"（效率）的矛盾，形成紧凑、有序而富有活力的城市片区，发挥大人流聚散带来的价值**，这也是"站城融合"期

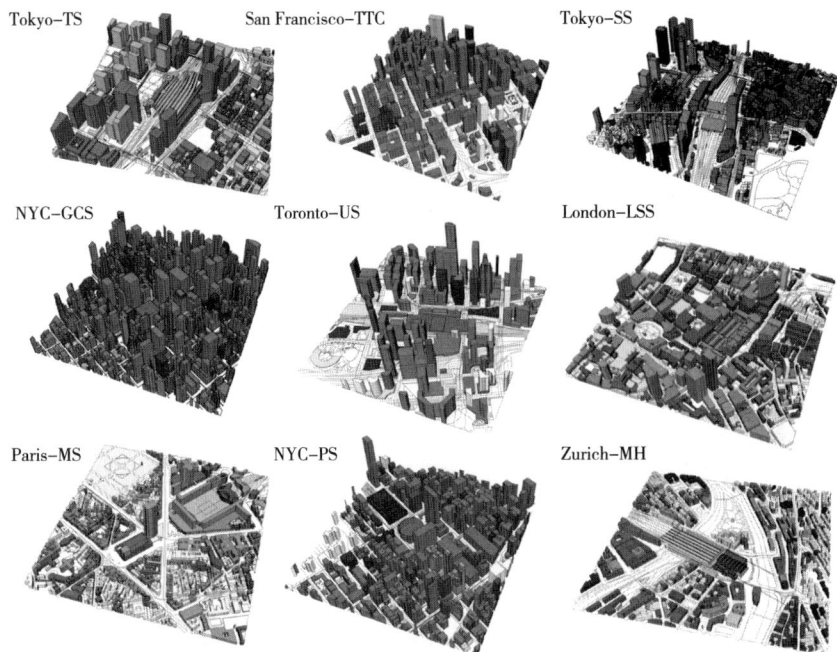

图1　全球9个城市中的站城关系（灰色为车站，其他色彩为不同的城市功能）
（图片来源：同济大学"站城融合"研究团队）

待的目标。

城市设计的思想缘起于城市建设的艺术，思考如何通过建筑实体和公共空间的布局安排，创造优美协调的城市环境，经历了近两百年的发展，今天的城市设计在此基础上，更呈现出一种对工业化时代专业细分后的回归，即把城市的多个组成部分作为一个整体来研究，以达到优美、活力、特色、高效、公平和可持续等目标。如何处理站城关系，引导站城融合的目标实现，正是城市设计的工作所长。今天，我国的大量实践已印证了城市设计的实效，即**通过整体地研究和组织不同城市要素（如车站、交通、地铁、铁路等）之间的空间关系来实现地区的价值。**

2 站与城

2.1 铁路车站给城市带来?

作为城市对外交通的重要节点，大中型铁路车站都或多或少地扮演了"城市门户"的身份，为广大旅客带来了进入城市的第一印象；车站也为城市带来了大流量的到发旅客，需要配套建设便捷交通，包括地铁、公交、出租等多样的出行手段，才能高效率地将客流集散往来于城市不同片区；铁路穿越城市的轨道区域，也犹如一条大河在地面形成对城市的分割；当然，车站所带来的大人流和配套交通等基础设施，也意味着对城市的未来带来可能的发展机遇，虽然这种可能性需要经过更为深入的研究（图2）。

图2 车站对城市的影响
（图片来源：基于谷歌地球图片绘制）

门户　人流　分割　发展?

2.2 站城关系？

从全球铁路车站在城市中的布局和使用来看，站城关系主要分为：**分离模式（各自独立）、交织模式（部分融合）、叠合模式（站城一体）三种类型**（图3）。产生站与城关系的因素是多方面的，而土地使用方式是关键的起因。如果城市和车站都是各自独立划分用地的情况下，为清晰限定铁路车站边界形成两者分离的空间关系是必然的，同时，车站建筑的完形化倾向、与城市建筑之间巨大的空间隔离、站与城在体量和尺度上的反差以及宽阔的地面或高架快速路等都足以造成和强化"站城分离"的效应；而当车站和城市由于特定原因（或是使用功能或是空间产出等的需要）共享一块土地的局部或全部，通过设置竖向空间分区进行紧凑布局，而不是在平面上围绕车站单一地组织交通或是布置广场绿地等巨大缓冲空间时，即便管理是各自独立的，仍然可以形成"站城交织"或"站城叠合"的模式。站与城之间的关系是互相分离，还是"局部空间的融合"抑或"整体空间的一体化"，往往**取决于车站地区是否认同市民和旅客两种身份的行为相互融合，也就是将"铁路出行"视为城市日常生活的组成还是一种特定的独立的交通行为**，而由此引发的对用地紧凑、建筑密度、开发强度和交通组织的选择则是这种观念的具体延伸。

日本东京、大阪等城市中的铁路车站很多都采用了一体化发展模式，根本在于土地资源的紧缺从而产生高效率利用空间的需求，也造就了与铁路相关或微弱相关的城市功能得以集聚而形成一体化，这种模式利弊都有，但值得借鉴的是，基于日本铁路大多为通勤旅客（类似国内的地铁客群），因此，在铁路车站周边步行500米范围内布局了商务办公会展等通勤目的地、衍生的商业餐饮休闲酒店等消费功能以及与铁路人流疏解的交通换乘功能，从人群使用各种空间的效果上，有效强化了多种交通的高可达性效应以及大人流集聚带来的商业价值，体现了以"地区整体的效率和价值"追求为出发点的

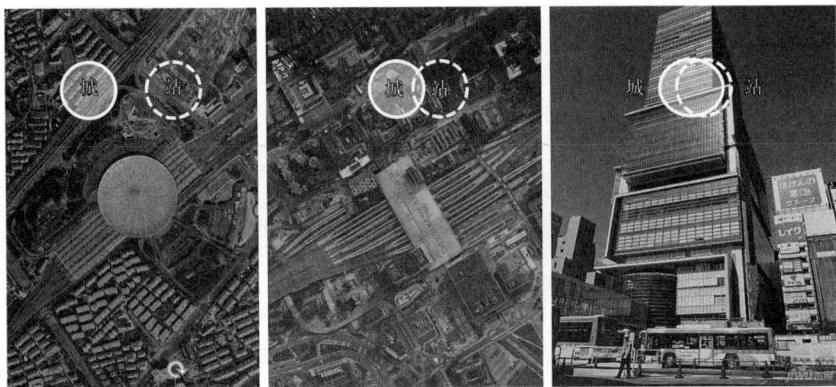

图3 站城关系的三种模式
（图片来源：基于谷歌地球图片绘制）

站城关系背后的逻辑，而相应的土地使用制度和建筑许可制度乃至站区管理模式，则是这种逻辑的落实，应该说，这种基于旅客通勤行为的高强度土地复合利用思维，确保了社会资源（车站和公共交通）效应的最大化以及土地增值效应的最大化。

因此，我们探讨"站城融合"，是要探索站与城整体效应的最大化，而不是其中单方利益或效率的最大化，更不是"因此伤彼"的利害冲突，当然，"站城融合"更需要研究站和城在结合互动中激发和衍生新的增值效应，所以，"站城融合"的整体效应是：$\sum = （站 + 城）^+$，其中的"+"代表了站与城在融合中激发衍生的新业态效应。

2.3　站城关系的案例

世界各地的站城关系经过上百年的演变进化，已经有成熟的经验和历尽挫折的反思，这里仅以四个与国内车站客流和站台等规模可比的案例展开分析。

（1）荷兰乌得勒支中央车站地区（Utrecht Central station）

乌得勒支中央车站是荷兰最大和最繁忙的火车站，高居荷兰第一位。车站规模为 8 台 16 条线，日到发旅客约 19.4 万人次。由于其在荷兰的中心位置，乌得勒支中央火车站是该国最重要的铁路枢纽，每天有 1000 多列发车，有国际、国家（城际）和地方（市域）火车班次，最著名的是前往法兰克福和巴塞尔的 Intercity-Express 火车，前往荷兰各地的国内 Intercity 火车以及提供前往乌得勒支省所有城镇的本地 sprinter 火车。

中央车站在城市扩张中成为老城和新区的连接部（图 4），在紧凑的用地基础上，在延续地面铁路的前提下，灵活地利用上跨（步行和自行车）和下穿（机动车和有轨电车）缝合东西两翼的新区老城，同时在两端的出入口站前广场设置了集中的城市商业、办公、娱乐等功能，形成了站城融合的两个尺度宜人的关键场所。值得借鉴的是，作为荷兰推崇的自行车停车库和有轨电车公交站就设置在二层出入口广场，既便于旅客的出行转换，也连通了上跨铁路的二层城市步行通廊（24 小时开放）和商业综合体；相对应的是小汽车停车和出租车上下客，则被安排在稍远的区域，凸显了对步行 + 公共交通的鼓励（图 5）。乌得勒支中央车站的"站城"关系可以简单地用"用地紧凑、跨线通廊、宜人广场、直联公交"来概括。

图4 位于老城新区之间的荷兰乌得勒支中央车站
（图片来源：谷歌地球）

流动 - 自行车　　流动 - 步行　　流动 - 汽车　　流动 - 公交

图5 荷兰乌得勒支中央车站
（上）交通动线（中）城市通
廊（下）
（图片来源：上/下-谷歌地
球,中-根据参考文献7绘制）

（2）日本小仓城火车站地区（Kokura Station）

小仓站位于日本福冈县北九州市小仓北区浅野1丁目，为北九州市的主要车站，由于位于连接本州岛与九州岛的关键位置，山阳新干线在此设站，所有通过此站的新干线列车皆会在本站停靠，同时纵贯九州西部的鹿儿岛本线和连接九州东部的日丰本线皆通过本站。小仓站日均到发旅客数约4.73万人次，其中（JR九州）36052人/日、（JR西日本）11263人/日。铁路和车站在城市段均为高架，共设6台12线（新干线2台4线、在来线4台8线）。站内的北九州单轨电车小仓站（城市轻轨）日均到发旅客约8652人次。

高架车站为城市地面道路交通组织带来便利（图6），从轻轨客流量显示车站客流对机动交通的高分担率，因此南北两侧的站前广场主要为公交车、出租车和社会车辆所占用；而空中步行区的设计完成了轻轨与高架车站的最小距离换乘，更密切联系了南侧围绕站前广场的商业区和北侧伸向海滨的会展办公等新就业密集区；在车站综合体内，所设置的宽大的二层三层城市步行通廊（24小时开放），自然成为连接南北片区步行系统的关键纽带，也成为车站旅客进行商业、娱乐、旅馆等消费生活的认知中心和空间节点。"站城互渗透、街车空中步、通廊连南北、城铁零换乘"或许是小仓站"站城关系"概括。

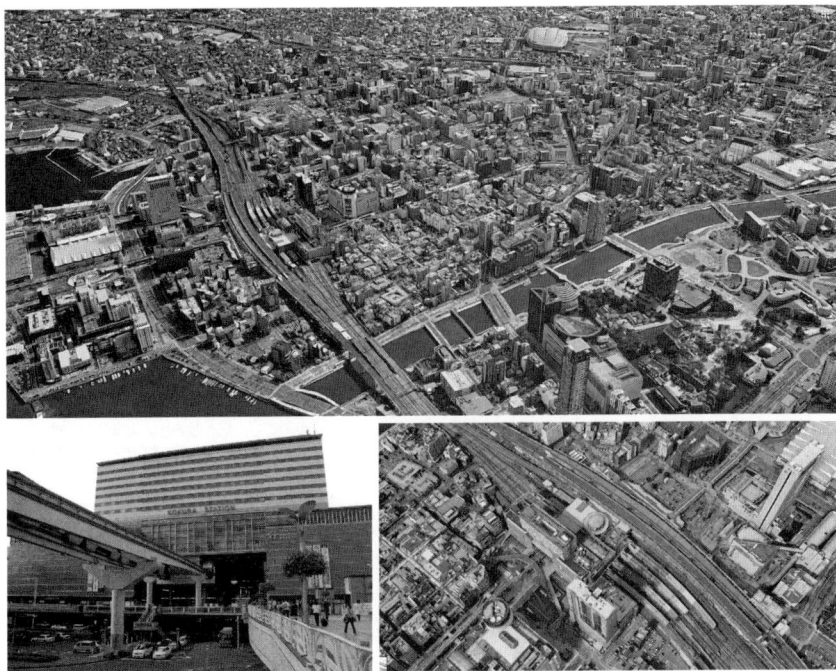

图6 日本小仓城火车站地区
（上）车站综合体的城市通廊
和轻轨站（下左）贯通南北的
二层步行系统（下右）
（图片来源：上/下右－谷歌
地球，下左－自摄）

（3）英国伦敦利物浦街车站地区（Liverpool Street Railway Station）

英国伦敦的利物浦街车站于 1874 年启用，是伦敦市最繁忙的中心终点站之一。车站位于主教门（Bishopsgate），靠近肖迪奇区（Shoreditch）、巴比肯艺术中心（Barbican）和怀特查佩尔区（Whitechapel）。铁路车站分深浅两层共 4 台 8 线，日均到发旅客约 19 万人次。利物浦街地铁站则于 1875 年开通，连接了环线（Circle Line）、中央线（Central Line）、哈默史密斯城市线（Hammersmith & City Line）和大都会线（Metropolitan Line），地铁站日均到发旅客约 17.8 万人次。

尽管利物浦街车站周边经历了多次城市更新（图 7），但车站基本是在原有的下沉铁路基础上不断进行改扩建以迎接更大的客流，所以，紧凑的布局使得车站周边看不到大尺度的广场和停车场，反而是高效率的四条地铁线和频繁的公交线路成为来往客流的主要转换交通工具。为了发挥地铁和铁路的通勤和商务作用，在车站的背后，利用下埋铁路线的上方进行分层空间权下的立体开发，为城市增加了市民广场和街道等公共空间的同时，也建设了金

图 7　英国伦敦利物浦街车站地区（上）；1945 年的车站地区（下左）；地下铁路上盖的建设（下中）；铁路上的公共空间和金融大厦（下右）（图片来源：上 / 下左 / 下右 - 谷歌地球，下中 - http: // www.som.com，©SOM）

融城办公楼群，大大提升了车站地区的价值。因而，利物浦街车站显然不同于日本的站城一体，其高效率的车站运营得益于铁路管理和密集的地铁网，而"独立车站、轨（道）城立体、多层空权、活力广场"则体现了其有分有合的"站城关系"。

（4）美国纽约大中央车站地区（Grand Central Terminal Station）

美国纽约市曼哈顿中城的纽约大中央车站，为大都会北方铁路的地下化铁路车站，可与纽约地铁的大中央–42街车站衔接7号线、莱辛顿大道线（4/5/6号线）及S线。该站占地面积约19.4公顷，共有67条股道和44个站台，分成上下两层布置，上层有30条股道，下层有26条铁路，其中43条股道是为客运服务，剩余24条股道为车站停放等。目前还在更深的地下建设8条股道和4座新的站台。中央车站每日到发列车550余列，运送旅客18万人次（年到发旅客约6700万），旅客最高峰日流量可达25万人次，是大纽约地区重要的交通枢纽，也是美国最繁忙的铁路车站之一（图8）。

中央车站最有特色的"站城关系"源自1900年的铁路地下化计划，使得这座巨大的铁路末端站完全没有对城市的地面交通和建设造成影响，相反，城际、地区、市郊列车与多条城市地铁的接驳以及和地下街道和地面出入口（目的地）的联通，使得中央车站成为曼哈顿中城地下交通网络运行和地下步行生活的中介地。

图8 美国纽约曼哈顿中城的车站–黑圈（上）；大中央车站地区的小街坊（下左）；1913年的车站地区（下中）；跨越42街的高架道路（下右）（图片来源：上/下右/下左–谷歌地球，下中–维基百科 https://commons.wikimedia.org/wiki/File：Terminal_City_drawing.jpg）

据称，每日有将近 75 万人次出入车站，巨大的人流极大地刺激了车站周边的土地价值，环绕车站和公园大道两侧的开发更新项目不断刷新高度；而公园大道的高架车道有效地协调了繁忙的出租车等机动交通和街道生活的冲突，环绕车站的道路下方提供了临街零售店铺，成为街道上友好的生活界面。

中央车站作为纽约的门户，如同开放的城市客厅，不仅为搭乘铁路、地铁、公交、机场巴士等不同交通工具的乘客提供便利服务，也让专门到访的游客感受到各种温暖与惊喜。站内除了约有 60 个商家（包括书店、超市、专卖店等，价格及质量与别处基本没有差别）、35 处餐饮以及多个场地，还可满足休憩、购物、私人聚会、小型展览等各种活动需求，如每年圣诞月由大都会交通博物馆举办火车模型展。

简而言之，大中央车站的"站城关系"突出表现在，"地下轨联步网、密路街畅通城、紧凑站城客厅、高架路街景融"几个方面。

2.4 良好的站城关系构成

通过上述案例并结合近 60 个国内外车站的分析，印证了良好站城关系的构建，需要塑造六个方面的特征：

（1）土地利用紧凑而集约；
（2）站与城的尺度协调并体现文脉；
（3）公共交通优先且换乘便利；
（4）城市多种功能的融入；
（5）形成适宜步行的街区；
（6）公共空间（场所）的塑造。

3 站城关系的背后

3.1 我国铁路车站的特点

与国外发达城市的铁路运行相比，我国铁路车站在长期发展中，总体上显现了特有的"长、大、多、少"特点，我国的"站城关系"设定需要依此做具体分析，形成"一站一城"的个案调研策划：

（1）由于国土幅员广大，铁路列车的运行间隔较长，使得车站内旅客的候车时间较长；

（2）大城市数量不断增加，密集的列车运行也带来了铁路车站的大客流现象；

（3）在车站地区多种交通汇集，包括了普速列车、城际列车、高速列车为主的铁路交通，地铁、公交、出租、长途等的城市公共交通以及旅游大巴和社会小型汽车。

（4）铁路旅客的分布多样，虽然随着城际和高铁递增，通勤和熟悉车站的旅客有所增加，但总体上大多数旅客的出行经验少，需要有清晰的空间结构认知和标识导引。

3.2 当下车站和城市的发展趋势

伴随"交通强国"的建设目标，车站和城市也在转型中获得机遇，并呈现新的发展趋势：

（1）车站的转变：普速、城际、高铁的占比

近年来，铁路的提速改变了以往车站到发列车的占比，在一线、二线城市的主要铁路车站，城际和高铁的占比逐渐增加并超越普速列车，使得商务、通勤客的占比大幅提升，旅客在时间成本、价格敏感、行李携带等行为特征的差异，使得城市与车站的交通衔接换乘效率、车站延伸服务和消费活动等方面出现了新的需求，站城关系趋向空间衔接的紧凑、高效和新奇感。

（2）车站的转变：新技术下与城市互动

新技术近年来的突破和应用，使得以往对车站安全的设定有了新的解决可能，特别是网络车票和人脸识别技术的应用，日前，在城际列车和城市的快轨（地铁）之间的安检互信、（身份证／人脸）检票互通已经近在咫尺了，城市与车站的互动变得更具有现实可行性，铁路车站内的局部区域向城市开放与之融合已经在部分城市中率先实现（如上海虹桥高铁站的地下出站厅），这意味着站城之间的关系可以在某些局部（或是若干年后的全部）脱离门禁区域的限制的同时，仍然拥有高安全等级的防范。未来的大候车空间，可能转化为容纳城市功能和活动的公共客厅。

（3）车站的转变：城际公交化下的候车模式

像互联网技术对市场的推进那样，目前，社会已经非常认同，具有高联系度的城市能够占有产业高地的优势，提速后的铁路出行是一线城市间、一线

与二线城市间的最重要城际交通方式,城际公交化已经成为近期的发展目标,铁路列车的短编组、高频度发车将是未来加强城际联系的主要策略,也势必推进站台候车高效联运的可能,推进站城的联动关系更加密切。

(4)城市的转变:公共交通出行占比增加

与车站同步发展的城市也在发生巨大的变化,与近 10 年机动车出行为主的车站到发交通相比,未来 10~20 年,公共交通特别是城市轨道交通(地铁、轻轨和有轨电车)的出行分担率将大幅度提升,这将直接影响到车站到发交通的空间布局,**"步行 + 地铁 > 公交 > 长途 > 出租(共享汽车)> 小汽车"**的进出站优先级将成为主流,替代目前的公共交通和小汽车交通的兼顾平衡模式。同时,地铁在服务车站的同时,会兼顾甚至优先考虑 TOD 的城市效应。

(5)城市的转变:土地集约带来的绩效

不同于过去迁就于铁路用地的宽松供地模式,城市方面也越来越重视车站地区土地价值,精细化地评估土地集约使用带来的绩效,城市功能从"靠近车站"转向"与车站共建形成综合体"模式发展,呈现"土地专属—土地细分—空间共构"的站城关联机制。例如,三亚站(方案)、上海站、重庆沙坪坝站、杭州西站分别呈现了"站城关系"从分离走向融合的空间布局(图9)。

(6)城市的转变:重视车站带来的机遇

越来越多的城市已经意识到铁路车站不仅是城市的门户形象,更是给未来发展带来机遇,特别在细分客流的基础上,引导城市地区发生从"中转地"

图9 三亚站方案(左上);重庆沙坪坝站(左下);上海火车站(中);杭州西站(右)(图片来源:左上 / 下 - 百度图片,中 - 谷歌地图,右 - 百度图片 © 中联筑境)

到"目的地"，从"交通枢纽"到"辐射型商务区"等多类型的空间定位转变，经历了上轮"高铁新城"的洗礼后，铁路车站正悄悄地触发城市新一轮发展机遇的缜思慎行。而铁路部门与地方政府深度合作，成立联合机构来开展车站及周边的更新和开发，共享"站城融合"的成果，已在部分城市获得了很好的示范经验（图10）。

4 站城关系的线索和应对

4.1 站城关系的内核与变革

从我国铁路站城关系的演变过程，可以发现"站与城"分离的关键在于：

（1）集中人流：由于铁路长途运输的特点，大编组和发车间隔长造就了大空间候车方式，对旅客和行李的安全检查也造成候车时间增加不易控制的情况，因此，大人流的集散安全成为车站最主要特征。

（2）快速道路：为组织大人流的集散，在缺乏或尚未建成地铁等大运量公共交通时，往往会强调"快进快出"的交通组织，快速道路自然成为疏解和集聚的重要手段，但大尺度的地面道路和高架路如果缺乏细致的设计处理，容易产生与城市的分割。

（3）大尺度的广场和车站：应对大人流的集散，超大尺度的交通和集散缓冲广场或绿地以及巨大体量的建筑成为标准范式，布局和形象的类似失去了地域性和城市门户特色，也因此失去与城市邻居们的对话基础。

图10 深圳北站商务区城市设计方案（株式会社日本设计＋日本太平洋咨询设计株式会社＋深圳市华汇设计有限公司联合团队）
（图片来源：参考文献8© 日本设计）

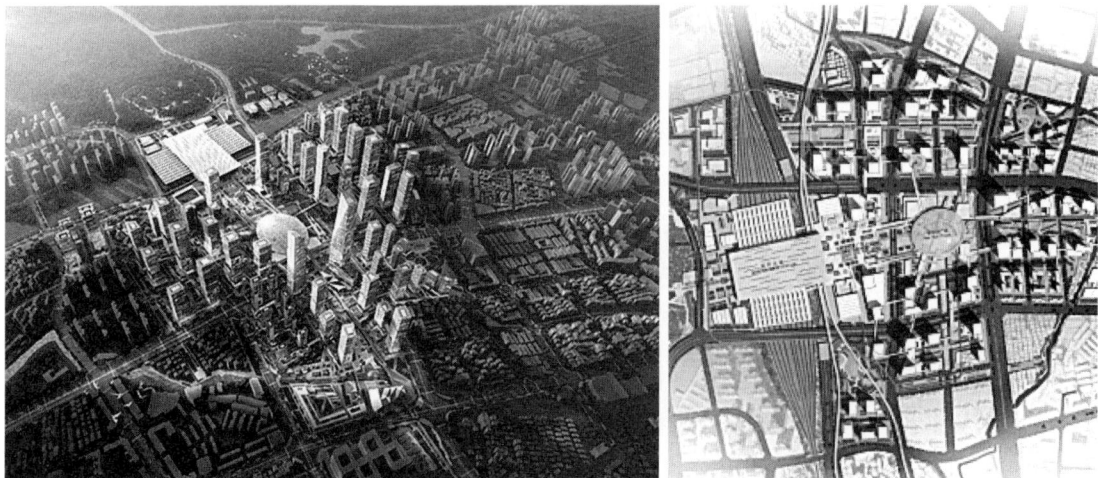

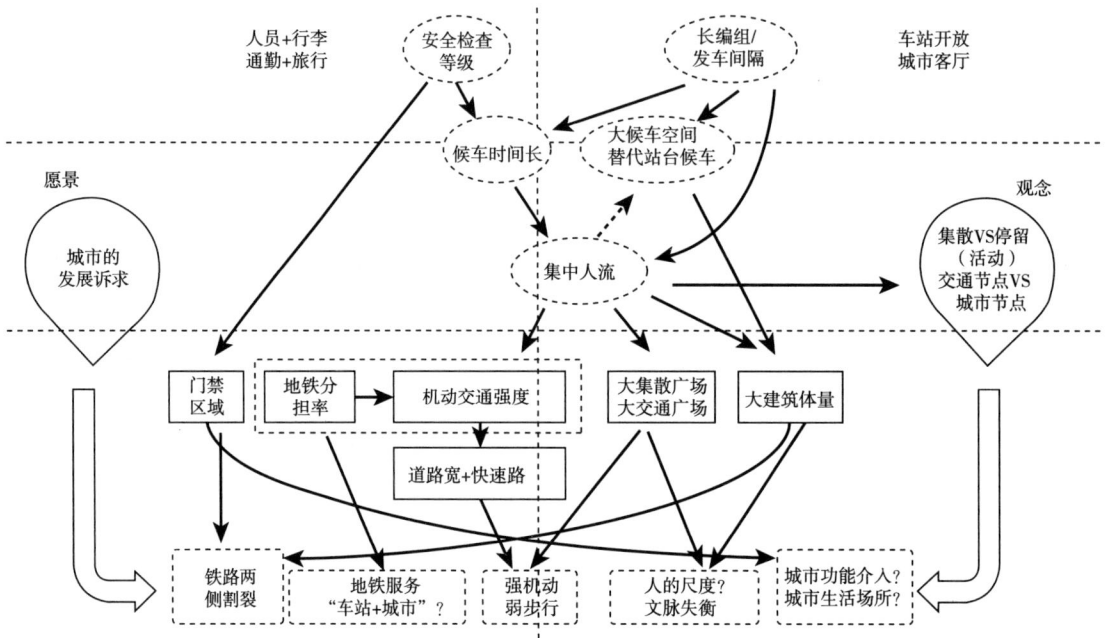

图 11　站城关系的主要影响因素

（4）门禁区域：高安全等级的检查使得车站周边构筑了"安全围墙"，杜绝其他城市功能的介入而成为独立的门禁区域——交通的专属区，由此失去了成为大人流诱发"城市活力发动机"的价值（图 11）。

由于铁路的特殊性，在规划和设计的观念上始终存在着讨论，即：铁路车站（地区）是大人流集散为主的交通节点，还是可以兼顾适度停留集聚活动的城市场所？虽然针对不同的车站，两者的平衡点有所差别，但大多数的观点认为，铁路车站应该首先是集散为核心的交通节点，可以在此前提下，根据车站属性，适度配置少量城市功能，但绝非城市场所。未来发展是否如此，尤其在新技术的变革下，也值得观察和讨论。

我国铁路车站的情况差别很大，大部分边远内陆城市确实还应该是安全的对外交通节点，但在沿海发达城市，随着通勤、商务和旅行客流的主流化，铁路车站融入城市的发展倾向会在不远的未来越加明显，作为"城市活力发动机"的场所特性也会不断提升，就如同纽约大中央车站的大厅可以容纳文化、展览等公共活动和仪式，这也将成为城市对车站区未来的期望，一种新型的城市客厅型车站将成就新的站城关系。

不远的将来，由于新技术和管理机制的引入，将诱发车站从内容到形式发生内核式变革，但即便我们不以此作为出发点，站城关系仍然需要面对当下城市发展的需求而迎接改变和挑战。

4.2 站城融合的线索和应对

基于上述的分析，我国铁路车站要实现"站城融合"的发展目标，可以在五条线索下制定明确的应对：

线索 1：道路格网——消隐割裂且缝合城市

站城融合，首先要摆脱铁路和车站对城市的分割，可以从构建立体的跨越式和下穿式车行和步行网络入手。例如，日本东京的新宿车站虽然是全球日到发旅客量最大的车站，地面铁路线也分隔了两侧城市，除了间隔 500 米的上跨和下穿铁路的车行道路外，还设计了穿越铁路的地下商业街，使人们在不知不觉的商业消费活动中穿越了铁路；在法国巴黎，利用塞纳河左岸地形的高差，修建了跨越铁路的街道格网，通过混合商业办公住宅等多功能的小街坊，实现了整个片区的缝合（图 12）。

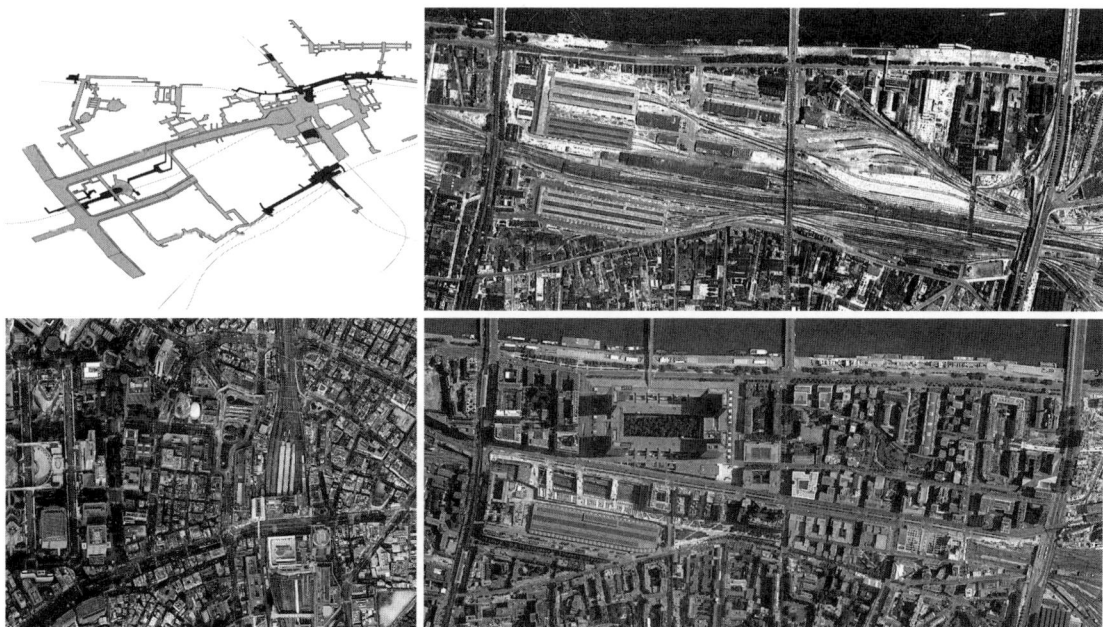

图 12　东京新宿车站区（下左）和地下步行系统（上左）；巴黎左岸地区的铁路割裂（上右）；和街道网络的修复（下右）
（图片来源：自绘 – 上左，其他 – 谷歌地球）

线索 2：交通政策——鼓励公共交通消隐快速路

车站地区的城市活力很大程度要以"公交＋步行"来激发，要建立更加精细的公共政策来鼓励公交优先，并将这种策略落实在不同交通方式的空间布局优先级上。我国大量车站地区轨道交通的出行分担还偏低，仍然需要平衡车行交通的需求，这就需要在设计中如何使快速道路消隐化或与城市街道有良好的关系处理，避免车道的主宰和切割，在空间上增强车站与城市之间的融合。在荷兰乌德勒支车站站前广场区，按距离近远先后布局自行车停车区、电车站、出租、私家车等，同时，跨越铁路的城市步行通廊直通二层的站前广场，有轨电车和快速机动车出入都布置在街道层而被消隐化处理，丝毫不影响广场上结合咖啡酒吧、商业中心的城市活动，步行系统因此安全连续地衔接了老城地区和新城广场（图 13）。

线索 3：轨道交通——从铁路车站独享走向与城市共享

大型铁路车站的建设，通常会匹配 2~4 条地铁线和车站，要获得与城市的融合，地铁就要兼顾铁路和城市的共享，保持紧凑的步行化街区，发挥更大辐射范围的 TOD 效应，而不是独享地铁站。加拿大多伦多联合车站外侧的地铁站，既能便捷直通车站，也通过地下步行系统串联多个复合功能街坊，形成了紧凑的站城空间关系，有效促进站城共生的活力。上海虹桥站内的地铁站，由于布局上主要考虑了车站的大人流集散，使得地铁站与虹桥商务区相距 200 米以上，大大增加了商务区通勤就业者的步行距离，工作日早晚高峰期乘坐地铁的城市客流反而对铁路站造成人流交织和失序（图 14）。

线索 4：城市功能——兼顾"城市生活的发生器"

铁路车站首先是交通节点，但可以适度植入城市功能和动线，在（未来）车站的部分空间开放的情况下，构建诱发消费、文化、休闲、娱乐等城市活动的公共场所，成为城市与车站的融合区，完成从"快进快出的交通中心"向"城

图 13　荷兰乌德勒支车站站前广场（左）和车道自行车道系统（右）
（图片来源：谷歌地球）

图 14 加拿大多伦多联合车站（左）和上海虹桥高铁车站（右）
（图片来源：谷歌地球）

图 15 巴黎市中心的 Saint Lazare 火车站改造前（左）和改造后（右）
（图片来源：左 - http://aftitanic.free.fr/cartes%20postales/cp%20st%20lazare.html，右 - 谷歌地球）

市生活发生器"的转型。巴黎市中心的 Saint Lazare 火车站在经过改造后，车站大厅（注：法国铁路站为站台候车，不设候车厅，大厅为公共区域）18 小时开放，容纳了零售、餐饮、时尚用品等商业店铺和街头演艺活动，在节庆日，还成为演出、展览等大众文化的传播地，成为巴黎人记忆中最重要的公共场所（图 15）。

线索 5：体量和尺度——创造人本的可对话场所

要融入城市，铁路车站就要在体量和尺度上协同左邻右舍的环境文脉，不强调独立的大尺度完形，通过分解巨大体量形成可对话的形式感和宜人尺度的门户感；同时，车站不仅仅是形象和体量，也要通过建筑的形体和城市建筑共同限定围合有公共活动的城市空间，而不是被车行交通或大面积绿化所占领的交通广场和景观绿地。荷兰鹿特丹中央车站的入口大厅形式独特，但尺度与周边建筑在尺度上是协调的，共同围合的站前步行广场仅 100m×80m，满足城市公共生活的需要，同时，广场正对城市绿轴——富有特色的滨水带，展现了城市的"水文化"气质。

5 结语：我国"站城关系"的明天

随着交通强国战略的不断深化，我国铁路车站正在迎接新的发展和创新，结合各地车站的交通情况和城市需求，多模式的新站城关系正从不断思考中出炉，虽然会历经艰苦的磨合，我们相信，"人民铁路"不仅引领了全球高速铁路的发展步伐，也将在中国大地上创建从内陆到沿海的多元化融合城市的新型车站枢纽，成为铁路引导下的城市活力中心。

参考文献

[1] 戴一正，程泰宁.站城融合发展初探[J].建筑实践，2019（09）：19-23.

[2] 盛晖.站与城——第四代铁路客站设计创新与实践[J].建筑技艺，2019（07）：18-25.

[3] 王建国.城市设计[M].北京：中国建筑工业出版社，2009.

[4] 戚广平，陆冠宇.基于站域空间耦合模型的站城协同发展模式解析[J].建筑技艺，2019（07）：30-35.

[5] 日建设计站城一体开发研究会.站城一体开发-新一代公共交通指向型城市建设[M].北京：中国建筑工业出版社，2014.

[6] 日建设计站城一体开发研究会.站城一体开发2-TOD46的魅力[M].沈阳：辽宁科学技术出版社，2020.

[7] 乌德勒支中央站地区城市更新项目官网（https：//cu2030.nl），乌德勒支中央站地区城市设计"结构规划（Structuurplan）"公开文件.
https：//cu2030.nl/images/Structuurplan_stationsgebied_December_2006_nav_raad.pdf

[8] 深圳商报.从交通枢纽进化为城市枢纽：深圳北站枢纽地区城市设计国际咨询方案，深圳商报2020.7.15.
http：//k.sina.com.cn/article_2274567792_p87932670027000qf2.html#p=1

注：部分图片来源于百度等网络资源，其中有些未能与原作者联系，如有异议欢迎联系作者邮箱 arch-urban@163.com。

独特案例的普适逻辑 —— 香港西九龙高铁总站规划及建设的再审视

Universal Logics in the Unique Case，Rethinking the Planning and Construction of West Kowloon High-Speed Rail Terminus in Hong Kong

陈国欣　张仰斐
艾奕康有限公司；geoffrey.chan@aecom.com
Geoffrey Chan　Zhang Yangfei
AECOM

摘　要：香港西九龙高铁总站是近年来热门的 TOD 典型案例。诚然，西九龙站的实践离不开香港特有的开发模式和机制，但这种无法复制的唯一性亦遵循合理且缜密的逻辑论证过程。本文从站点选址、价值体系、开放空间塑造，以及实施保障四方面，探讨需求与成本间的权重选择、利益相关方的共同成长、公共利益与土地价值的平衡、全过程机制的定制等 TOD 普遍使用的重要议题，旨在为中国其他城市的 TOD 演进提供启发。

关键词：西九龙高铁总站；项目逻辑；适用性

Abstract：Hong Kong West Kowloon High-Speed Rail Terminus is one of the most popular TOD cases in recent years. Despite Hong Kong's unique TOD model and mechanism，WKT was planned upon rational and mature deliberations. From the perspectives of site selection，valuation system，place making and implementation，the paper discussed key issues of trade-off between demand and cost，consensus reaching among stakeholders，balance between public interests and land value，as well as customizing effective mechanism in project life-cycle，with the aim to providing inspirations for TOD in China.

Keywords：West Kowloon High-Speed Rail Terminus；Project Logics；Adaptability

1　西九龙高铁站概览

包括城市地铁、城际铁路、高速铁路等交通方式在内的广义轨道交通为城市乃至区域带来的综合社会经济效益已得到广泛认可。香港作为一座依托于轨道导向开发（Transit Oriented Development，以下简称 TOD）不断进化的城市，一直是内地城市推广 TOD 模式的重要参考对象之一。于 2018 年落成使用的全新基建地标——香港西九龙高铁总站，更是成为近年来热门的标杆案例与话题（图 1）。

西九龙站位于香港维多利亚港北岸的城市中心商务区，站点 5km 半径范围内覆盖约 200 万居住人口与 150 万个就业岗位，通过立体步行系统可便捷换乘机场快线、东涌线、西铁线、跨境客运码头和邮轮码头。计算车站北面的公交总站及出入场线区域在内，站场总占地仅约 11 公顷，车站建筑面积 38 万 m^2，埋深 30m，挖方量达 315 万 m^3，设 6 条短途线月台、9 条长途线月台，预测日均客流量约 11 万人次，是目前全世界最大规模的地下高铁枢纽（图 2）。此外，站场还预留了总建筑面积约 30 万 m^2 的上盖物业开发空间。高铁项目工程总造价为港币八百余亿元，上盖用地拍卖价格为港币四百余亿元。

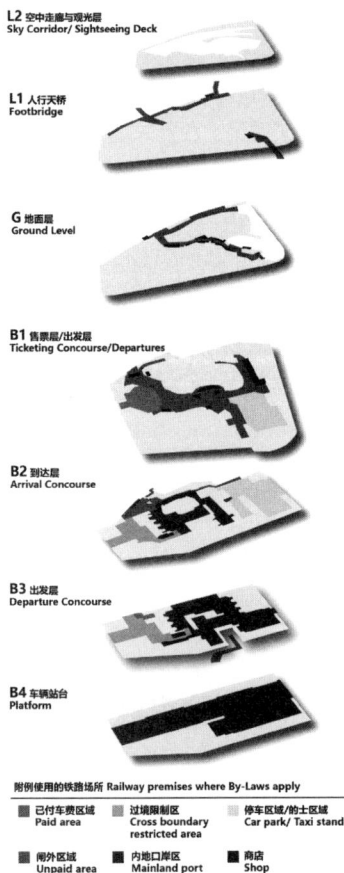

L2 空中走廊与观光层
Sky Corridor/ Sightseeing Deck

L1 人行天桥
Footbridge

G 地面层
Ground Level

B1 售票层/出发层
Ticketing Concourse/Departures

B2 到达层
Arrival Concourse

B3 出发层
Departure Concourse

B4 车辆站台
Platform

附例使用的铁路场所 Railway premises where By-Laws apply

- 已付车费区域 Paid area
- 过境限制区 Cross boundary restricted area
- 停车区域/的士区域 Car park/ Taxi stand
- 闸外区域 Unpaid area
- 内地口岸区 Mainland port
- 商店 Shop

图 1　西九龙站站房内部（左）
（照片来源：AECOM）
图 2　西九龙站垂直功能分布图（右）
（图片来源：AECOM）

2 独特案例的再审视

西九龙站挑战工程极限的大胆设计以及跨越十余年的开发谋划，是在香港特有的城市发展背景中生长出来的，具有不可替代的唯一性。反而是在技术表征之下，贯穿项目全程的缜密论证逻辑与环环相扣的实施路径推演（Road Map），才是西九龙站的真正价值。

由此，本文尝试抛开对技术成果的解读，而从发展逻辑入手，一窥西九龙站从无到有的成长历程。TOD 项目离不开以站点选址为起点，在方案制定的过程中则需要结合当地具体情况进行各方的利益协调，并同时兼顾环境品质对项目的加值作用。而整个项目的完成度亦离不开一套完备且可控的实施计划。本文将从站点选址的权衡、效益平衡的方式、开放空间的作用，以及实施保障的路径四个方面，剖析西九龙站这一独特案例背后的普适逻辑，并希望为中国其他城市的 TOD 发展提供一些启示。

3 需求导向的站点选址

3.1 中心或外围的选择题

TOD 站点，尤其是高铁站点的选址是一道颇具难度的选择题。如选址城市外围，则建设成本及协调难度明显可控，但与城市中央商务区的沟通就需要仰赖稳定、高效的交通接驳系统，就算围绕站点发展新城亦面临着诸多不确定性。如选址城市建成区，则具备站城融合的空间基础，但沿线及站点建设带来繁复的拆迁协调工作，建设成本和周期、施工管理难度随之增加。这些矛盾同样是西九龙站面临的第一道难题，且香港与内地还存在跨境边检的要求。

在香港高铁规划之初，除了位于城市中心区的选址，各方还讨论过在新界设站的备选项。一方面新界的土地资源相对比较丰富，总体建设成本较低；另一方面有利于降低边检管理的难度，但仍需要构建公交走廊以连接高铁站及城市中心区。

3.2 需求导向的决策逻辑

城市中心或外围的选择题看似难以抉择，但如果从使用者的需求导向出发，答案就变得一目了然。参考香港立法会交通事务委员会 2009 年的资料文件，明确提出"高铁站应设于市中心""市区的中心地点一般是人口、就业、交通、经济活动密集的地方……可吸引更多旅客乘搭高铁，发挥高铁最大的效益……"。

其根本原因不外乎交通是人的不同活动地点之间的移动方式，是人的活动需求衍生出来的，因此交通设施就是为使用者服务的，应以使用者利益的最大化为目标，而不是直接受到建设成本、周期，以及协调难度的过多干扰。香港的城市中心区也因此可以直接对接国家高铁网（图 3），直达数十个内地城市，实现大湾区一小时生活圈及粤港间的频密交流，并使香港中心商务区成为服务大湾区的中心商务区，提升香港在区域中的城市影响力和竞争力。

基于需求导向，不仅仅是重要站点选址，轨道线网与城市结构的耦合、线网近远期建设衔接及多模式交通接驳，以及土地价值提升、客流增长等 TOD 关键议题的解决都有了共同的出发点。

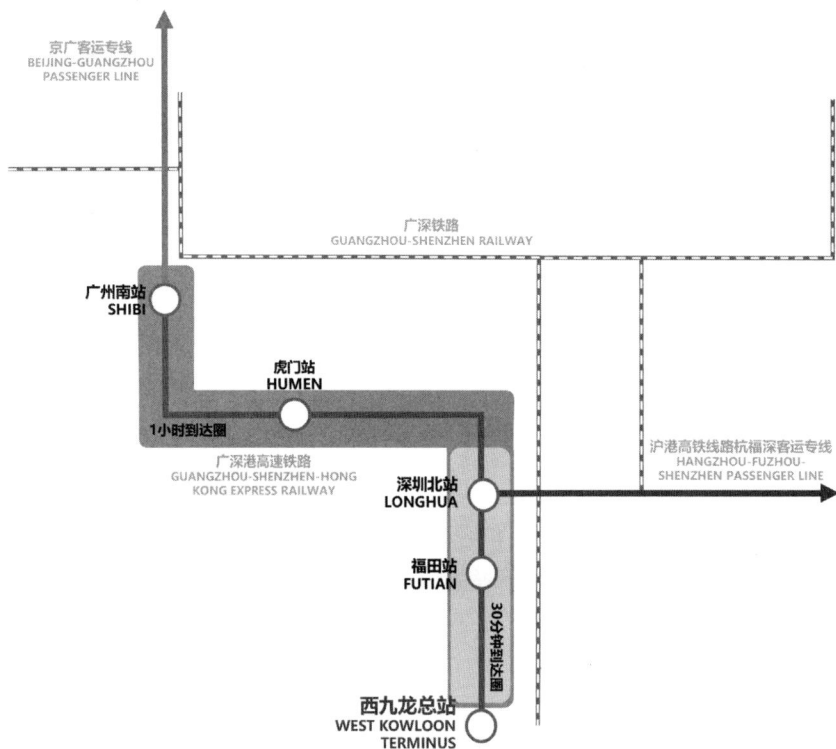

图 3 西九龙站宏观区位及对接铁路线网示意图
（图片来源：AECOM）

3.3　城市更新的附加效益

中国一二线城市的中心区普遍开始面临城市更新的议题。由于高铁能够提供稳定、便捷且价格合理的中长途客运服务，配合城市内部的短途轨道线网，可扩大辐射范围，从而带动站点及周边的空间品质与土地价值。这不仅有利于强化中心区发展，更成为"城市再生"的推动力，通过土地溢价来实现中心区老旧片区的更新。

4　因地制宜的价值体系

4.1　不断探索的漫长历程

TOD 的利益相关方可以分为轨道公司、物业发展商、政府部门及设施受众等四大类。中国香港的 TOD 发展原型始于 1980 年代初期，就此拉开地铁投融资模式探索的帷幕。政府授权港铁公司获取轨道站点周边土地的开发权，而港铁公司先向政府支付轨道开发前的地价。之后港铁公司与开发商联合开发 TOD 项目，获取包括土地溢价在内的开发利润以返还轨道建设成本，开发商从中获利，而市民则享受 TOD 带来的出行和生活便利。随后，香港的 TOD 项目不断开展机制创新并进一步融入市场，在 1990 年代迎来快速增长期。此时已突破了点状开发模式，而是通过参与新区的前期规划，融合站点与土地协同发展的模式，利用轨道交通的新增线路带动整个新区发展，从而获得更大规模的土地增值收益，并反哺轨道交通的成本。2000 年代后，香港的 TOD 进入成熟发展阶段，轨道线网不断完善，城市保持集约发展，客流得以持续增加，带动沿线土地市场发展。

基于较细的土地开发计划及较长的沟通协调过程，TOD 的时间跨度一般比国内长，从规划到实施可能需要通过 10~20 年的研究设计和分期开发来实现土地增值的最大化。同时，通过保障客流、培育商机，从而形成公交服务、轨道运营、土地开发与城市发展良性相互促进的关系，使 TOD 不再仅仅是一种开发模式，而是成为一种得到全社会认同的生活方式。

4.2　西九价值激活的操盘逻辑

经过几十年的积累，利益相关方的共赢在西九龙站的开发过程中得到了充分的协调。承接上一章节的选址逻辑，西九龙站一地两检，缩减大量通关时间，且临近人口和经济中心，周边公共交通配套完善，因此对于设施受众来说可以享受到最大化的出行便利。对于政府和轨道公司来说，虽然需要高额的财政拨款方可支撑位于市中心的站场建设成本，但上盖开发的回报亦高，可有效反哺建设成本。且位于市中心的物业开发对于开发商来说本身就是颇具吸引力的投资对象。

但值得注意的是，西九龙站这种高投入高回报的操盘逻辑需要一片足够成熟的 TOD 土壤。如果缺少模式演进的长期积累与利益相关方的普遍共识作为基础，站点的实体设计只会是一座空中楼阁，尤其是在土地溢价相对有限的城市中，TOD 更应量力而为。

5 开放空间的全程加值

5.1 公共利益与土地价值的平衡

TOD 的圈层结构已深入人心，也因此引发人们如何寻找公共利益与土地价值之间平衡点的思考。除了关于开发强度、业态配比的探讨，开放空间往往是另一个焦点。从空间维度来看，不具备土地溢价效应的开放空间起到的是通过提升环境品质来推动周边地块价值的间接作用。从时间维度来看，TOD 是一个漫长的开发过程，选择何时对开放空间进行投入关乎整个项目的投资回报。同时，开放空间的公众开放度亦是项目操盘的另一个考验。

5.2 开放空间的加值逻辑

早在方案设计阶段，与建筑造型交织融合的西九龙站"屋顶花园"已是备注关注的亮点，且匹配香港的地理气候特征与市民室外活动习惯。因此，这座高铁站带给人们的第一印象不再是一座坐落于闹市中冷冰冰的工程综合体，而是一处鸟语花香、令人向往的立体海景公园，更是为后续的上盖物业用地拍卖创造了保障空间品质的乐观预期（图 4）。站房投入使用后，屋顶花园作为所在片区慢行系统的新节点（图 5、图 6），带动了整体人气，邻近的商业设施亦有所受益（图 7）。

图 4　西九龙站屋顶花园鸟瞰
（照片来源：AECOM）

图 5　西九龙站屋顶花园细部
（照片来源：AECOM）

图 6　西九龙站屋顶花园夜景
（照片来源：AECOM）

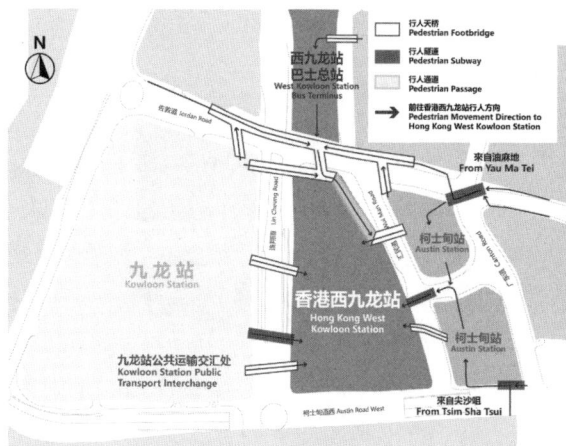

此外，得益于利益相关方共同构建的价值体系，来竞拍上盖物业开发权的开发商深谙以点及面的公共利益与土地价值的平衡，未来在开发方案中亦会特别强调内部商业零售空间与外部开放空间及步行系统的融合，形成吸引及导引客流的空间条件，将外部效益内部化，尽量最优化商业开发的经济回报。

图7 西九龙站衔接周边开发项目及轨道站点的行人设施（左）
（图片来源：AECOM）
图8 建设中的西九龙站全景（右）
（照片来源：AECOM）

6 多方协作的实施保障

6.1 TOD 实施过程的博弈

TOD 项目常常是设计方案与操作路径之间的博弈。复杂的空间界面意味着交错的利益关系，且面临着政策机制、运营维护等诸多考验，直接关乎项目的最终完成度。在 TOD 项目中，规划师、建筑师、工程师，以及政府、开发商更需要形成一个紧密配合的利益共同体，既在前期充分考虑可实施性，又在实施推进中充分落实前期构思。

6.2 巨型项目的机制定制

与城市轨道站点的 TOD 项目相比，西九龙站的投资体量与操作难度不可同日而语。因此，香港特区政府定制了一套项目机制，旨在有效分配项目责任及控制风险。开发主体为香港特区政府，负责订立实施机制，采用经营权模式，拨款建设及由政府全资拥有的九铁公司持有铁路资产，并获取运营后的票务收益及上盖物业用地拍卖收益。确立了上盖开发加服务经营权的融资方式后，以具备 TOD 综合开发运营经验的港铁公司为主体，负责统筹设计、建造、测试及运营全过程，并对接中国国铁集团。秉持包括轨道交通与土地集约开发、多模式交通无缝衔接、高效交通枢纽运营体系、站城功能立体融合，以及促进地区城市更新及地下空间发展在内的核心原则，港铁聘用 AECOM-AEDAS 联合体作为工程与建筑咨询顾问，Leighton-Gammon 联合体作为承建商主顾问。

6.3　设计工作的界面切分

西九龙站规划设计的空间竖向维度分为站房与上盖物业两个主要部分，需要兼顾一体化设计及分期实施，且保证后续上盖物业开发时仍享有一定的灵活度。站房运营时间是上盖物业招标时间的前置条件，站房的具体设计方案亦影响上盖建设范围。

时间纵向维度则分为初步设计（工可）阶段与详细设计阶段。初步设计（工可）阶段，站房设计主要考虑枢纽位置、行人通道及接驳预留、预备工程与车站设计，以及工期计划。物业发展进行策划并布局发展方案，亦需要提供城市设计与交通规划的方案，并满足法定规划条件。详细设计阶段，站房设计通过《铁路条例》刊宪，落实至车站建筑、铁路与交通设施、立体行人系统及物业预备工程设计。基于工可和详设阶段的研究结论，通过城规会审议，确定土地用途、功能构成、控制性指标及规划大纲内容，并完成总纲发展蓝图及技术性影响评估，以指导建筑图则土地契约编制。

6.4　贯穿全程的统筹管理

机制与设计的落实主要依赖政府和执行主体。除了设计本身，站城融合要有序地充分实现，全过程多专业和持分者之间的界面和矛盾需要得到有效协理。AECOM 作为牵头的咨询总顾问，承担全过程项目管理的职能，是支撑执行主体的重要技术后盾。从西九龙站规划到落成的十余年中，AECOM 作为全过程的"管理枢纽"，带领十余家工程咨询公司，包含规划设计、建筑设计、景观设计、建筑工程、交通规划及工程、结构工程、岩土工程等十三个大类专业，高峰时期协调 600 名专业人员，以矩阵式的项目管理架构，共同完成庞大的设计成果输出与过程管理（图 8）。

7　小结

　　如果没有香港历时几十年的 TOD 经验积累，就不会有既符合公共政策和市场商业原则，又能有效兼顾平衡政府、轨道公司、开发商与社会大众多方利益的 TOD 可持续发展模式和机制。社会也普遍接受通过较宽裕的时间来论证探讨，以换取高质量的项目成果，否则也不可能有今天西九龙站的成功。西九龙站在规划时遇到的选址矛盾，中国其他城市的许多 TOD 项目同样都遇到过。各利益相关方对 TOD 价值体系与开放空间等公共利益达成的共识，亦为全过程实施机制的定制奠定了有利的前提。不积跬步无以至千里，与空间实体的设计演化不同，对于 TOD 刚起步不久的中国其他城市来说，依赖于时间维度的模式探索仍然道阻且长。同时，也期待在这些城市中迸发出更具前瞻性与创造性的实践构思与操作理念。随着国家逐步从高速发展转向高质发展，期待未来可以给予 TOD 全过程周期更宽裕的时间空间，以实现更高质量的建设成果和效益。

参考文献

[1]　CB（1）389/09-10（01）号　立法会交通事务委员会铁路事宜小组委员会广深港高速铁路香港段西九龙总站的选址和配套

[2]　香港运输署网站 https://www.td.gov.hk/tc/transport_in_hong_kong/land_based_cross_boundary_transport/access_to_hong_kong_west_kowloon_station/index.html

[3]　香港西九龙站主页 https://www.highspeed.mtr.com.hk/tc/guide/wek.html

杭州西站枢纽综合体设计 —— 有关站城融合的新思考

Design of Hangzhou West Station Hub Complex——New Thinking of Station City Integration

于 晨 郭雪飞
中联筑境建筑设计有限公司；chen_yu@acctn.com；xuefei_guo@acctn.com
Yu Chen Guo Xuefei
CCTN

摘 要：在站城融合发展的趋势下，建筑师需要对站城融合的概念有更深层次的理解，从更全面的视角对铁路站房及其站点位置、周边环境等要素进行深入的分析和研究。本文通过深层次分析杭州西站枢纽综合体的设计经验，从固化思维中破壳理解铁路客站不仅是城市的交通枢纽系统，也是城市重要的精神场所。通过阐述杭州西站枢纽综合体在设计过程中如何平衡交通与场所之间的关系，探索符合中国特色的站城融合设计，延伸出站城融合的新思考。讲述"站城融合"是一种随着不同情况而适当变化的理念，是随着不同城市定位、区位环境、开发程度而变化的动态过程，是对"站"与"城"之间关系提出的更高要求。

关键词：站城融合新思考；交通节点；精神场所；站场拉开

Abstract：Under the trend of station city integration development, architects need to have a deeper understanding of the concept of station city integration, and conduct in-depth analysis and research on railway station house, station location, surrounding environment and other elements from a more comprehensive perspective. Through in-depth analysis of the design experience of Hangzhou West railway station hub complex, this paper understands from the solidified thinking that railway passenger station is not only a city's transportation hub system, but also an important spiritual place of the city. This paper expounds how to balance the relationship between traffic and site in the design process of Hangzhou West Railway Station hub complex, explores the integrated design of station and city in line with Chinese characteristics, and extends the new thinking of the integration of outbound city. "Station city integration" is an idea that changes appropriately with different situations，a dynamic process that changes with different city positioning，location environment and development level，and a higher requirement for the relationship between "station city" and "city"．

Keywords：New thinking of station city integration；Spiritual site；Railway line extension

1 杭州西站区域定位

杭州西站的区位处在南京、上海、杭州的长三角区域比较核心的位置，从铁路总图上看，杭州西站作为杭州市铁路网分布的补强，尤其是西面方向，对武汉和黄山方向的联系至关重要。从规划定位来看，杭州西站做了很多重要的上位规划、区域定位，其"科技引擎""旅游旗舰"的定位对杭州西的站城融合有很大的指导作用。

1.1 杭州西站地理位置

杭州西站枢纽综合体位于杭州市"一主三副六组团"中的余杭组团内部，由铁四院和筑境设计联合设计，是集铁路、轨道交通、长途客运、地铁、公交、出租及社会车辆等多种交通于一体的"大型综合交通枢纽"。枢纽规划以车站为核心，打造一个媲美钱江新城的"城西科创新城"，利用枢纽优势，助力杭州城西科创大走廊建设，实现人流、物流、资金和信息流等生产要素的快捷化流动，推动城西科创大走廊从城市边缘地区向竞争优势地区转变（图1）。

1.2 铁路网交通分布情况

杭州西站在铁路网交通分布中引入了沪乍杭、杭临绩、湖杭、杭温四向铁路（按照《杭州铁路枢纽规划（2016—2030）》），无缝融入区域城际铁路网络。杭州西站在线路上通过6向通道，对外连接合杭、湖苏沪、沪杭城际、沪乍杭、杭温、杭黄等干线铁路，融入区域高速铁路1小时交通圈。这样的交通路网分布将实现杭州与上海、南京、合肥、武汉、南昌、台州、温州九个方向区域战略性节点城市之间的直连直通，增强杭州城市的区域影响力，助力其成为长三角一体化的重要节点（图2）。

图1 杭州区位图（左）
（图片来源：筑境设计）
图2 杭州市铁路网总图（右）
（图片来源：中规院提供）

1.3 科技引擎

　　杭州西站枢纽综合体在规划方面做了很多至关重要的部署，对杭州西站"站"与"城"的融合有明显推动指导作用。从"科技引擎"这一区域规划定位来说，杭州西站在科创大走廊的核心位置，同时也地处 G60 科创走廊，在长三角一体化的要求下，杭州与上海，嘉兴，苏州等城市，将在深化产业集群布局、加强基础设施互联互通，推进协同创新，推动品牌园区深度合作和产融结合，推广科创走廊"零距离"综合审批制度改革成果等方面发力，建成长三角地区具有独特品牌优势的协同融合发展平台（图3）。

1.4 旅游旗舰

　　有着"最美5A高铁线"之称的杭黄高铁线路将经由杭州西站。该线路从杭州西站登程，沿线设 10 个车站，途中贯穿 7 个 5A 景区和 50 多个 4A 景区，这将意味着杭州、富春江、千岛湖、黄山等国家级名城、名江、名湖、名山将紧密连接，形成一条世界级的黄金旅游线。现阶段政府部门对铁路旅游产业尤为重视，本次国庆双节央视媒体更是为铁路大做宣传，铁路沿线的旅游产业更是为疫情后旅游产业复苏起到了至关重要的助力作用。杭州西站将成为杭黄高铁线路上一个至关重要的节点，将率先开启"高铁 + 旅游景区"新型旅游模式，促进高铁覆盖区域的旅游发展（图4）。

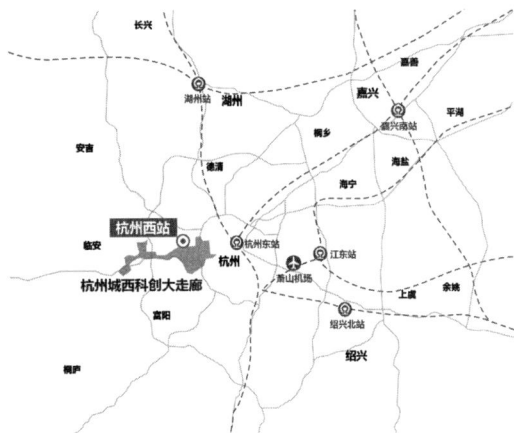

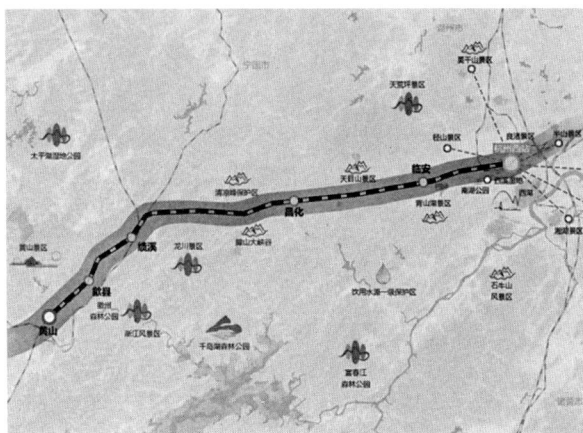

图3 杭州城西科创大走廊（左）（图片来源：筑境设计）
图4 最美5A高铁线（右）（图片来源：筑境设计）

1.5 整体规模

杭州西站枢纽站场规模为 11 台 20 线，由 6 台 11 线的湖杭场和 5 台 9 线的杭临绩场组成。杭州西站站房最高可容纳聚集人数约 6000 人，高峰发送量达 8762~12480 人／每小时。整个枢纽总用地面积 32ha，地上约 170 万 m²，地下约 45 万 m²，其中站房面积约 10 万 m²，配套工程约 40 万 m²，综合开发约 120 万 m²。建筑高度为 49.975m，包括地上主体 6 层，局部 8 层，地下 2 层，车站进出方式为上进下出模式。铁路站场为东西向高架形式，杭州西站站房主体南北长 302m，东西方向长 230m，站房东西两侧各设 110m 长无站台柱雨篷。站周边含 7 栋超高层塔楼，最高栋约 390m，未来目标是将杭州西站枢纽打造成长三角科创一体化的联系纽带（图 5、图 6）。

图5 杭州西站总平面图
（图片来源：筑境设计）

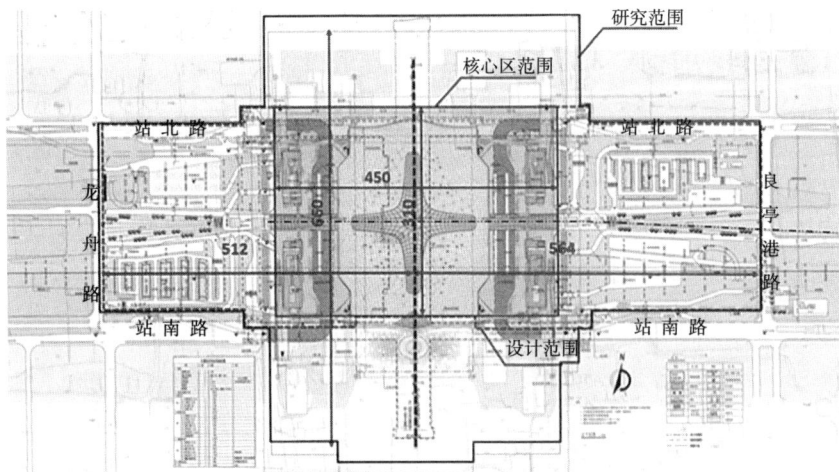

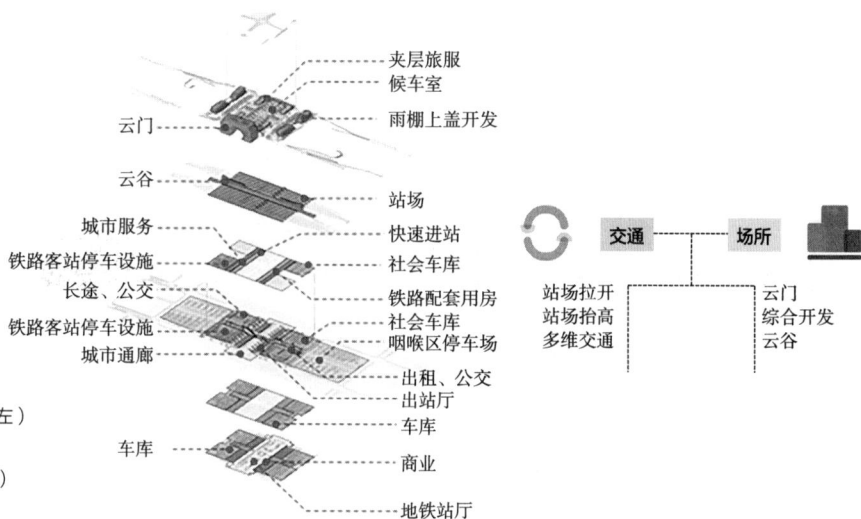

图6 杭州西站分层布局图（左）
（图片来源：筑境设计）
图7 杭州西站介绍框架（右）
（图片来源：筑境设计）

2 关于交通与场所的平衡设计

站城融合的发展需要在交通与场所之间取得平衡。如何理解场所？其并不是有明确定义性的功能空间，这一空间是可以发生故事的，大家有精神需求的空间。这个空间可采用城市客厅或类似于大型城市交通中心（CTC）的方式替代它，但不能用固有的模式做所有的站点，需要用一种和具体交通没有直接关系，又能和交通功能相融的场所来平衡彼此，这对"站"和"城"的融合有很大的帮助。关于交通和场所的关系，杭州西站希望在两个彼此即平行又相交的部分做到平衡，关于杭州西的介绍将围绕以下两个方面展开（图7）。

2.1 交通设计相关部分

关于西站枢纽综合体交通亮点部分，我们针对性地提出了"站场拉开"的想法。对建筑专业来讲，"站场拉开"的定义可能是拉开的缝隙，但从设计角度来讲这个简单的缝隙带来了巨大的变化。首先是云谷空间的出现，不仅将站房下部引入自然光线，形成贯穿多层、可达性好的通敞空间，同时所有铁路线下方和上方的流动以及交通的流线都可避免从站房的两侧进行联系，改为从中间进行上下的交流。杭州西站场拉开，之后除了腰部落客平台的车行流线，其他所有的地铁和公交流线都由两场拉开的缝隙进入到内部。（图8）通过"站场拉开"的设计创新，将到最远端的站台距离缩小到原来的一半（图9），这一改变带来的收益更多是流线上的集中，流线上的集中不仅是为了创新而创新，

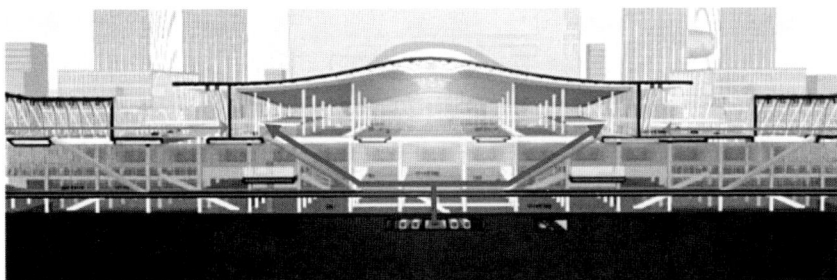

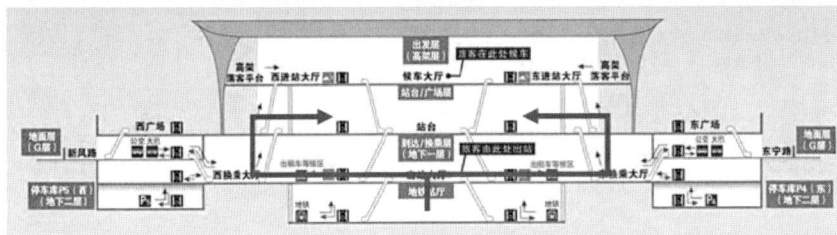

图 8　杭州西站与杭州东站进
站流线分析比较图
（图片来源：https://tushuo.
jk51.com/tushuo110741401.
html.）

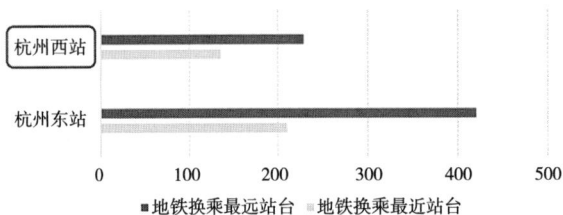

图 9　杭州西站与杭州东站进
站地铁换乘距离对比图
（图片来源：筑境设计）

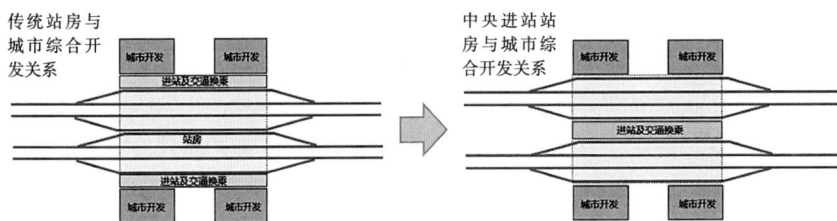

图 10　站场拉开分析比较图
（图片来源：筑境设计）

而是杭州西站场拉开这一举措方方面面的好处之一，其最大的好处是解决了站周边开发带来大量人流后如何分摊人流的问题，这是地方部门及铁路系统一直比较担心的。现在传统南北广场进来的人流只有 5%，分摊到两边每一边只有 2.5%，站场拉开之后，传统广场或者开发的人流都可以通过站场拉开的中央进站系统进站，如此城市开发可以和站做到真正的零距离，提升旅客换乘便捷度的同时，释放站场前后端土地用于城市综合开发，提高车站与城市之间的紧密度与融合性（图 10）。

　　另外，高架站场把原有路基场下方的土地充分利用起来，进一步贴合站城融合的主题。杭州西站将传统城市南北广场的城市配套车场功能整合布置在桥下空间，解放南北广场用地用于综合开发，提升站城融合度。尽管目前有很多站也在应用，这是一个理念的问题，模式可能有很多种，都是利用不同的方式把更多的土地集中利用起来，这样能够使得综合开发的土地尽可能充分的利用客端形成花洒效应，而不至于占用大量的周边土地建设其他的交通换乘空间。杭州西在建设之初有一项重点研究内容，原定车场的标高和地面间距大概是 10m，研究之后我们希望把车场进一步抬高 3~5m，为了在传统的轨道和城市通廊之间做一个夹层（图 11）。夹层为站房提供了下进的功能，形成复合的线下空间，实现快出进站及换乘夹层、多种流线分离、停车夹层等功能，有效提高土地使用率及功能复合度（图 12）。这些只是其作用的一部分，夹层最大的贡献应该是为城市建造慢行系统做出很好的铺垫。杭州西站在 6 米夹层设置快速进站及换乘夹层，配套商业街，外面的衔接通道一直和城市慢行系统完全连接在一起，实现站与城的无缝衔接，进一步提高站城融合度（图 13）。

从车行交通角度出发，站城融合需要做到怎样程度的融合？有人经常问到，杭州西站的交通是否融合？其实不是，杭州西站车行交通进城的流线和进站的流线在 3~5km 之外就开始分离，面对高铁站和高开发强度的综合体设计了两套互不干扰的外部交通流线，更好地保证了站城综合体的高效运行（图 14）。"站城融合"并不是绝对一味的融合，而是需要在一些地方做适度的

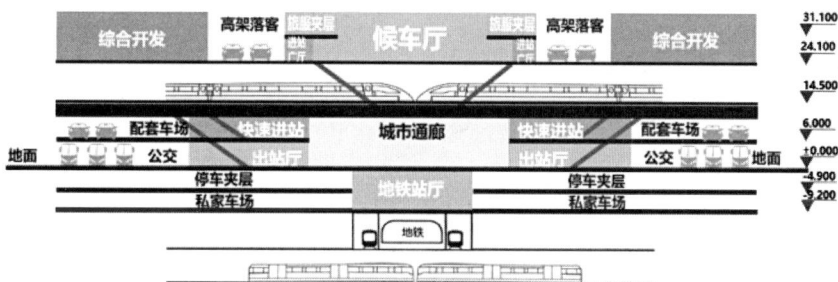

图 11 桥基站场抬高示意图
（图片来源：筑境设计）

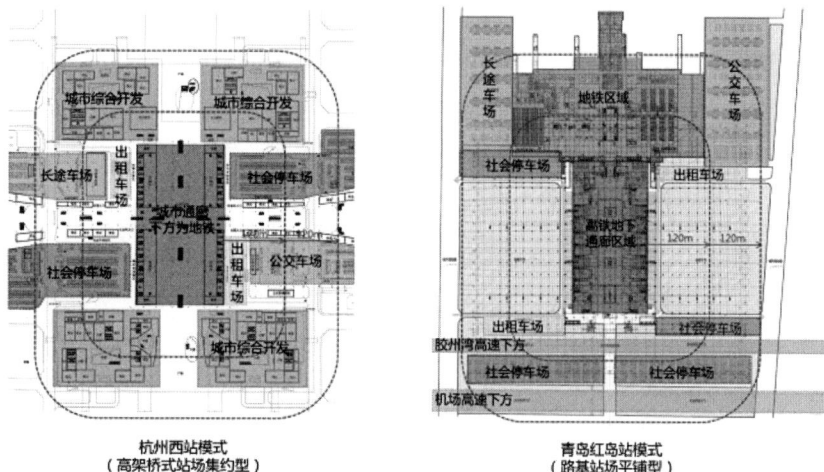

图 12 杭州西站桥基场与青岛红岛路基场线下功能布局对比
（图片来源：筑境设计）

城市服务功能　　快速进站　　慢行步道
高架慢行步道穿越枢纽综合体

图 13　杭州西站高架步行系统
（图片来源：筑境设计）

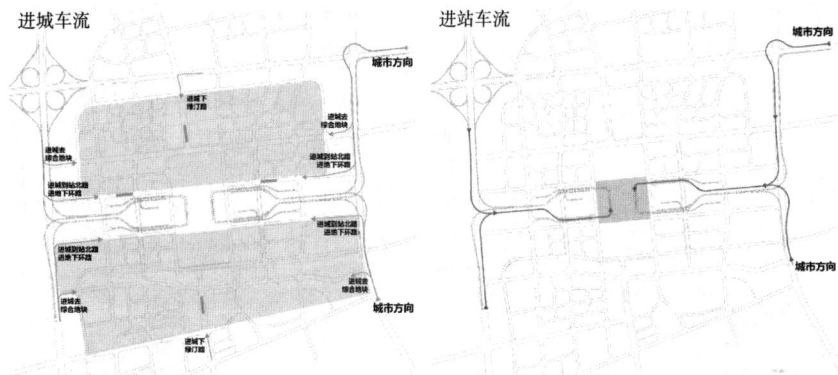

进城车流　　　　　　　　进站车流

图 14　杭州西站进城流线与进站流线分析
（图片来源：筑境设计）

分离，而车行交通的分离是为了内部核心区人行交通更好地融合。将车行交通在更远的距离分离，可以将站房综合体核心区域里的上下空间做成编织，"十"字是站的交通，"口"字是城的交通，共同形成 "田" 字立体交通，这是在适度分离和高度融合的前提下寻找经济效益和协同发展的平衡点（图 15）。站内在 31.1m 标高处构建了空中步行景观连廊，实现站房与上盖开发、南北城市综合体之间的紧密联系，营造多层次的观景休闲空间（图 16）。

图 15　杭州西站综合体空间编织分析
（图片来源：筑境设计）

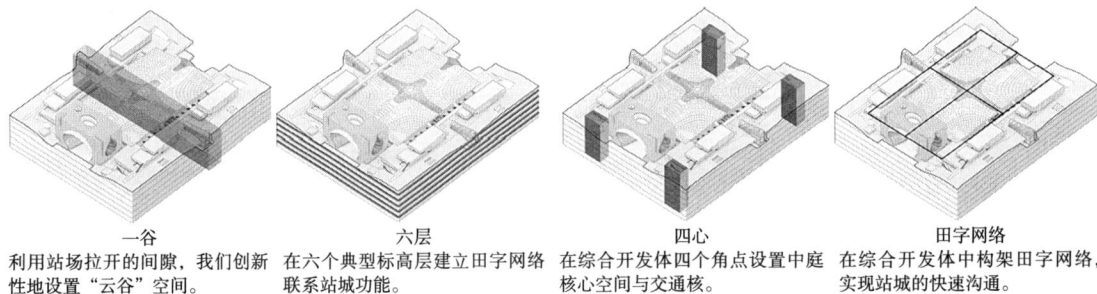

一谷
利用站场拉开的间隙，我们创新性地设置 "云谷" 空间。

六层
在六个典型标高层建立田字网络联系站城功能。

四心
在综合开发体四个角点设置中庭核心空间与交通核。

田字网络
在综合开发体中构架田字网络，实现站城的快速沟通。

2.2 相关场所设计

关于杭州西站的精神场所，很多人第一感觉会认为是云门（图17），从字面来看"云门"确实比较合适，最初杭州西站的云门是非常受关注的，但目前云门的落地遇到了一些困境，困境来自于定位不是非常明确。铁路部门认为"云门"归属于地方会更便于管理及运营，地方则觉得"云门"应当以铁路部门来主导。这是当时杭州西没有完成的任务，现在仍然在不断努力去把"云门"的定位和功能明确。需要深入探讨云门功能与站城的关系，首先"云门"的功能不是纯粹的地面商业开发，也不是具体某一个酒店，某一栋办公楼，云门是综合体的核心。我们对这栋楼的理解是对传统城市广场的升级，"云门"是立体的城市广场，承担了一部分交通和环境联系的功能，同时也是西站作为城市重要节点的形象，塑造了丰富多样的站前城市开放空间，这个形象并不是简单的立面，还有大量的公共空间。"云门"不是有特定属性的内容，还有管理、办公、餐饮，有大量的展示空间，也有大量的城市公共功能，比如一些文化展示、媒体发布，旗舰展厅等。顶层做了大的观景平台，超越了高铁新城，是云城很重要的精神场所和空间（图18）。

图16 "田"字立体交通网络系统（左）
（图片来源：筑境设计）
图17 云门（右上）
（图片来源：筑境设计）
图18 云门（右下）
（图片来源：筑境设计）

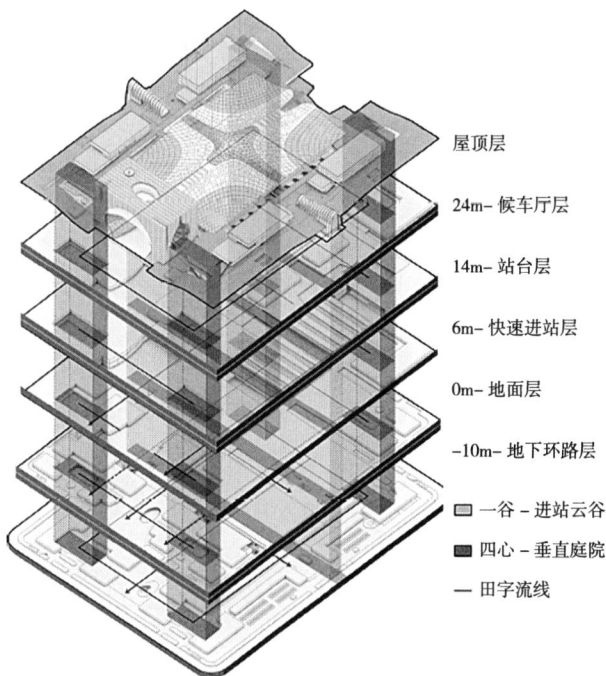

屋顶层

24m- 候车厅层

14m- 站台层

6m- 快速进站层

0m- 地面层

-10m- 地下环路层

■ 一谷 - 进站云谷
■ 四心 - 垂直庭院
— 田字流线

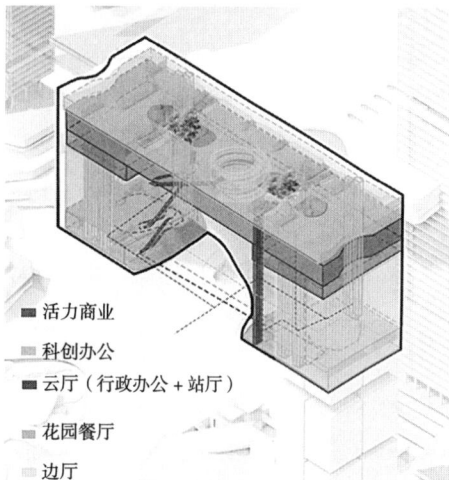

■ 活力商业
■ 科创办公
■ 云厅（行政办公 + 站厅）
■ 花园餐厅
■ 边厅

第二个场所是综合开发，虽然有一定的商业操作，从设计角度上也会有固有的逻辑和套路，但不可否认的是会给传统的车站带来城市新的空间感受。杭州西站利用雨篷上部空间进行盖上开发，丰富了候车层的城市功能，同时也形成了站城综合体的四向立面（图 19）。不管是盖上综合开发，还是站房两侧综合体的开发，都可以和站房交通枢纽进行有效地联系，以交通综合体为核心，承载多样性的创新服务功能。在功能的考量上，以增加目的性客流为导向，合理配置城市功能，我们可能不会放医院，也不会放科研机构，但我们将"亲站型"功能放到这里，使综合体产生更多化学反应。"亲站型"功能设置对高铁新城以及云城的发展起到激发动力的作用，将站区打造成区域节点，有效衔接长三角创新资源与智力网络（图 20）。

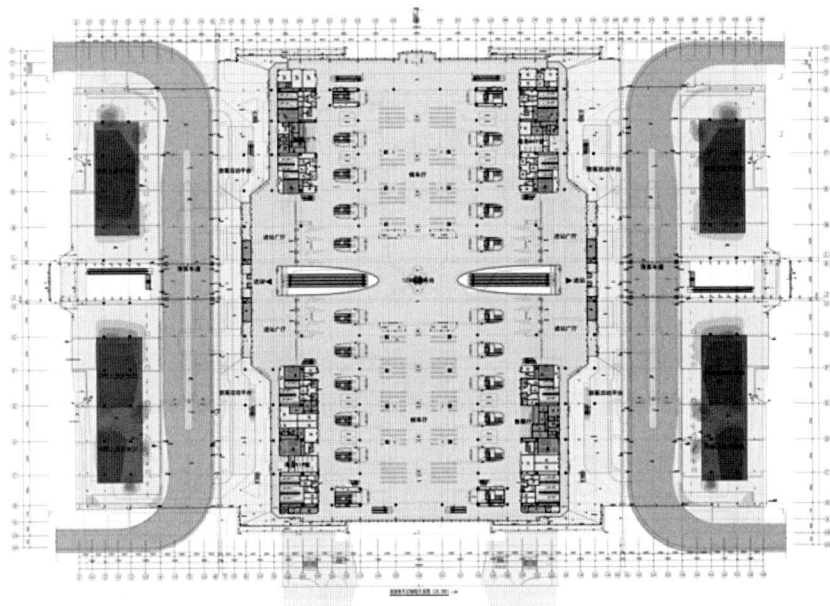

图 19　杭州西站雨篷上盖开发
（图片来源：筑境设计）

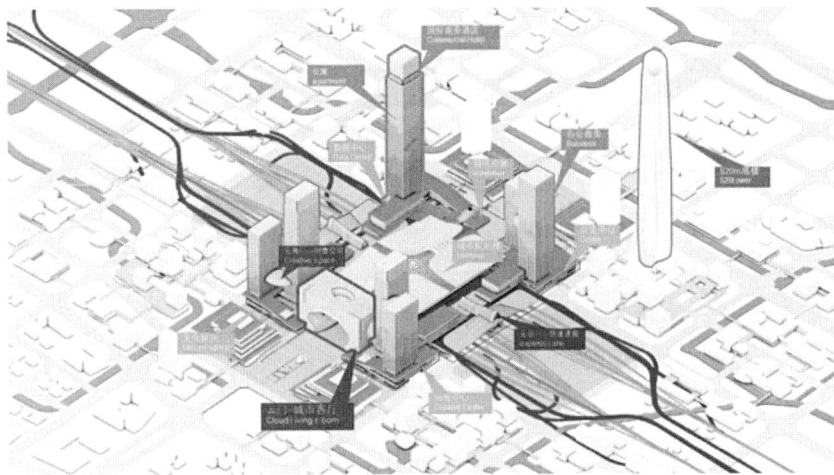

图 20　场所综合开发
（图片来源：筑境设计）

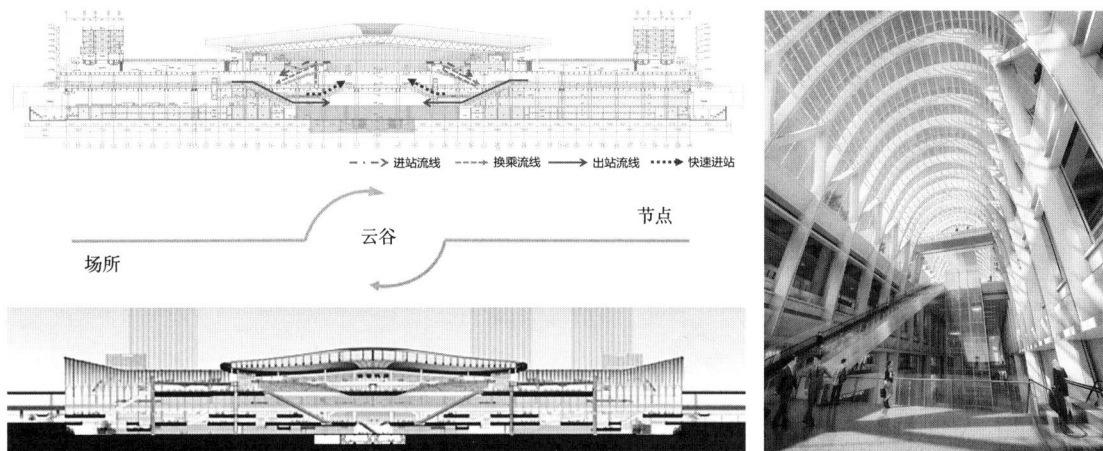

---→ 进站流线　- - - → 换乘流线　■■■■► 出站流线　┅┅► 快速进站

云谷

节点

场所

图 21　云谷分析图（左）
（图片来源：筑境设计）
图 22　云谷效果图（右）
（图片来源：筑境设计）

最后一个场所，也是交通的节点，即"云谷"。"云谷"是交通方面上的新探索，将车场拉开之后形成峡谷空间，具体设计中云谷也是从一开始的100m、200m 长反复推敲，直到最后干脆把整个车场都拉开直到两端，整个场所内部中间的 200m 满足各种交通功能需求，所有地铁的进站、高铁的进站，以及城市通廊两侧交通联系都在云谷 200m 实现。云谷不仅是交通中心，还是场所空间（图 21），包含换乘空间及大量商业，休憩以及旅客人流的活动空间，即使人流量不大的时段，也可营造出有故事感的空间场所，云门最远端成为站房东西两个立面的焦点（图 22）。

杭州西站"云谷"空间是枢纽综合体设计在探索节点与场所平衡关系下做出的创新设计，它既解决了进出站及换乘交通的流线问题，又为站房营造了具有场所精神的空间，使杭州西站在节点与场所的关系中取得了平衡，进一步促进站城融合度，达到站与城的和谐发展。

3　杭州西站的政策支撑

在中国，铁路系统站房建设是以国家为主导的发展战略，而通过高铁站促进城市发展是地方政府的目标，所以地方的主要价值取向是经济效益和城市发展。由于价值取向的不同，生长在中国的站城融合是一种各方不同诉求的产物，为应对这一需求，在杭州西站建设推动过程中，铁路系统及地方通过"立体红线""分层确权""路地并行"等创新性的政策理念，使得这种互补性的关系达到平衡，进而展开分工合作，协同发展，积极促成站城融合策略的落地（图 23、图 24）。

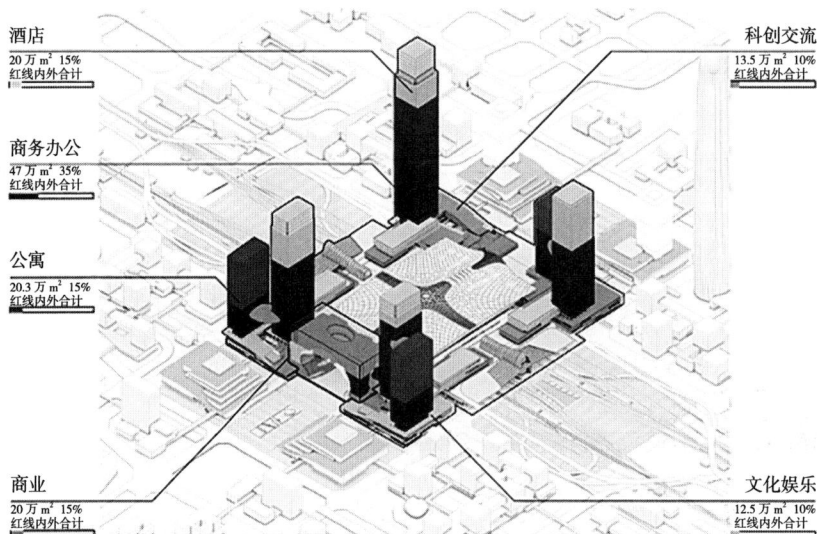

酒店
20 万 m² 15%
红线内外合计

商务办公
47 万 m² 35%
红线内外合计

公寓
20.3 万 m² 15%
红线内外合计

商业
20 万 m² 15%
红线内外合计

科创交流
13.5 万 m² 10%
红线内外合计

文化娱乐
12.5 万 m² 10%
红线内外合计

图 23　杭州西站分层确权示
意图
（图片来源：筑境设计）

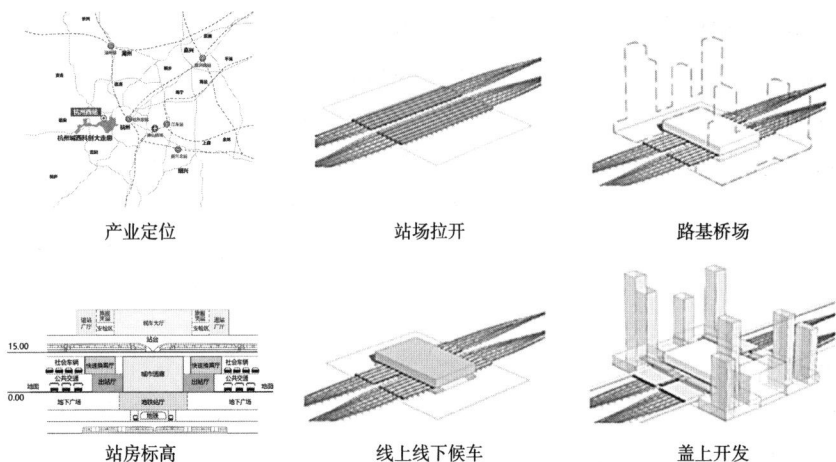

产业定位

站场拉开

路基桥场

站房标高

线上线下候车

盖上开发

图 24　路地并行
（图片来源：筑境设计）

首先是"立体红线"，我们不再把国铁的红线和地方的红线进行严格地区分，开始在大红线下操作，将很多功能和交通作为一个整体进行考虑（图 25）。其次是"分层确权"，进一步把站房的功能、城市的功能以及综合开发内部功能进行分层划分（图 26）。最后是"路地并行"，大家经常提地方的规划落后于国铁的进度，其实有时候地方的规划应该更超前地进行定位，科创大走廊也好，旅游旗舰也好，规划对高铁片区的定位、站城融合度的引导、模式的选择都起到至关重要的作用。

在站城综合体的创新设计中，无论从前期方案和技术的落实，还是后期的审批都需要铁路总公司和地方政府的通力合作，对设计单位进行有效引导。铁路部门主管站场条件、法规、安全运行保障、审批、评审、投资、施工、

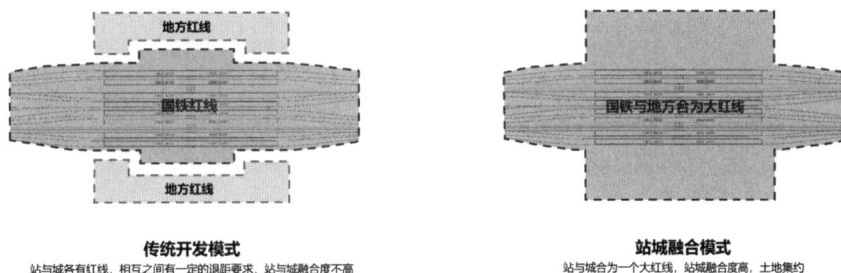

图 25　立体红线
（图片来源：筑境设计）

传统开发模式
站与城各有红线，相互之间有一定的退距要求，站与城融合度不高

站城融合模式
站与城合为一个大红线，站城融合度高，土地集约

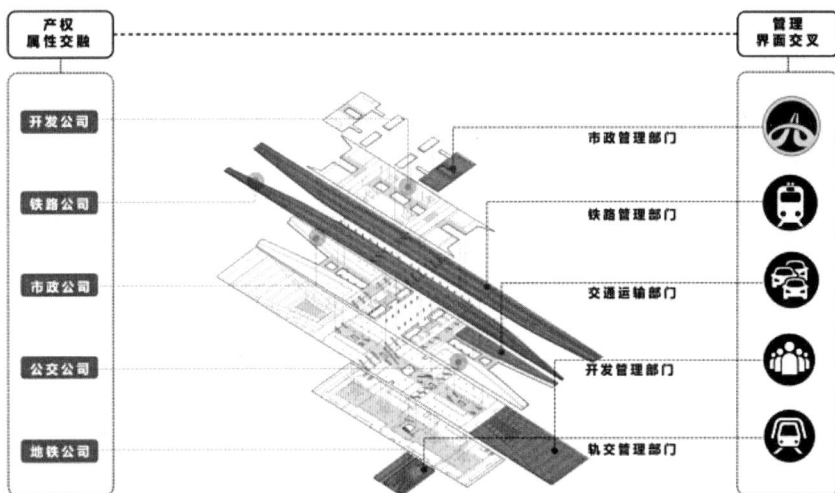

图 26　分层确权
（图片来源：筑境设计）

管理等界面的协商划分；而地方需要管控的是建设控制性指标，规划引导，配套建设等一些硬性指标，这些先决因素对高铁站房枢纽建成的影响缺一不可，需双方协同并进铁路客站因其空间的特殊性，需要适应铁路发展的设计规范、土地政策、防火标准等的支撑，保证站城融合策略的顺利开展及后续审批。

4　关于站城融合的新思考

站城融合目前受到极大的关注，是下一阶段高铁与城市协同发展的关键所在。如今业内对站城融合的解读多种多样，作为学术的探讨，概念理解的多样性原本是有益的，但在实际项目操作中概念的不统一，导致在现实中出现很多对站城融合理解上的误区和偏差，造成一些设计或者推动建设的困境，需要我们对站城融合有更深层次的探讨。

4.1 站城融合是一种理念，而不是某种具体模式

站城融合的形式是多样化的，并不是只有高强度的站城开发模式才称得上"站城融合"，如果按照固定模式或单一模式去理解站城融合，是不全面的，非理性的。其既不是具体的构成形式，也不是简单的开发强度或者流线组织，是站与城适度融合的态度，是贯穿客站规划、设计、建设、运营全过程的一种理念。

站城融合首先应根据不同的需求采取不同程度的融合，这是目前国内项目面对站城融合时经常忽略的一个前置衡量因素。以荷兰阿纳姆车站为例，在国内当下的站城融合理念中，同等规模同等形式下国内的小站往往不会采用这样的模式，跟之前大家提的站城融合的样子差异很大，但阿纳姆车站所处地区人均收入已属于中上，人民生活质量很高，基于人口总量和交通需求等条件选择这样的融合模式也是恰当的（图27、图28）。

站城融合在面对同样的开发强度，也可以采取完全不同的模式。以杭州西站枢纽与青岛红岛站进行比较分析，两个站同为新建设铁路客站，不但外在

图 27　杭州西站鸟瞰图（左上）
（图片来源：筑境设计）
图 28　荷兰阿纳姆车站鸟瞰图（右上）
（图片来源：https://www.gooood.cn/transfer-terminal-at-arnhem-central-station-by-unstudio.htm?lang=zh_CN）
图 29　杭州西站整体规划鸟瞰图（左下）
（图片来源：筑境设计）
图 30　青岛红岛站整体规划鸟瞰图（右下）
（图片来源：筑境设计）

形式完全不同，两个车站在面对站城融合设计时的程度和手法也有着鲜明差异。在城市规划和城市设计中，两个站点在 10km² 范围内的开发总量基本是一致的，杭州西站枢纽将开发强度的重心放在站的中心区位，站房范围内有多栋超高层塔楼，而青岛红岛站将开发放在相邻的 1 公里内的站外区域，选择了更好地把自然环境和站房进行融合。两种融合模式都是依据城市和站房各相关因素而做出的恰当设计（图 29、图 30）。

4.2　站城融合是一个动态的过程，而不是某个静态的成果

站城融合受不同背景影响而处在一个不断变化的过程。不同的城市能级，不同的城市定位，以及不同的区位环境、不同的开发强度，站与城的融合度有所区别。站城融合不是一个静态的结果，不能一蹴而就，需结合中国城市当前的发展速度，预留未来发展空间。其融合程度因站而异，因地制宜，根据位置和阶段的差别，有不同的需求和目标（图 31、图 32）。

图 31　杭州西站
（图片来源：筑境设计）

图 32　青岛红岛站
（图片来源：筑境设计）

4.3 站城融合是对站城关系提出的更高要求，而不是今天才出现的新需求

站城融合并不是今天才出现的新概念。客站自诞生时就与城市的关系密不可分，自从城市有了铁路站房，站与城的关系就建立起来，关于两者衔接的思考和实践也从未停止过，其驱动力来自于城市发展的需求—高度集约的土地利用。伴随着城市化发展进程，站与城的关系越来越紧密，同时对传统站房土地利用的方式提出了更高的要求，让我们今天对站城融合越来越重视。在建国初期很多车站也有融合的考虑，像杭州城站，高速铁路的飞速发展，促使铁路客站重新回归重要本位，对站与城的关系提出了更高的要求（图33、图34）。

4.4 站城融合的进一步发展需要在"节点"与"场所"之间取得平衡

贝托里尼（Bertolini）在《铁轨上的城市：火车站区域的再发展》一书提出了关于"节点"和"场所"关系的模型。在该模型中，他将火车站看作具有节点和场所的双重属性，只有当火车站在交通和场所两者之间取得平衡，才能创造出一个良好的交通枢纽。这里讲到的平衡并不是指交通不重要，铁路客站首先是交通建筑，交通是最重要的部分，而我们当下的铁路枢纽建设往往更偏向于交通功能，容易忽视场所功能。随着物质生活的飞速提升，人的体验在站城融合的发展中越来越重要，而场所是体验的重要载体（图35）。

杭州西站枢纽设计过程中，我们尝试将交通的节点功能与当下更高需求的场所功能结合，努力取得两者之间的平衡，做出了一些设计上的探索，例如杭州西站标志性的"云谷"空间，是杭州西站枢纽最大的创新设计亮点之一（图36）。

图33 杭州城站（左）
（图片来源：筑境设计）
图34 青岛红岛站（右）
（图片来源：筑境设计）

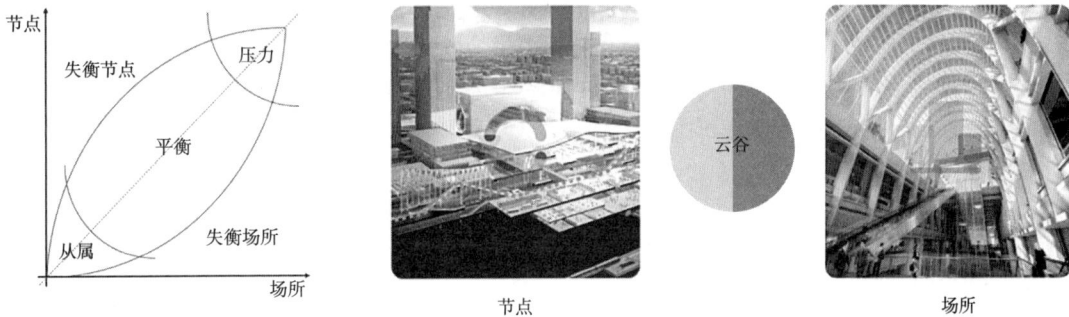

图35 节点与场所关系模型
图（左）
（图片来源：Citys on railys-
Bertolini）
图36 "云谷"空间的节点与
场所（右）
（图片来源：筑境设计）

节点

场所

杭州西站枢纽在解决交通换乘等功能的基础上，还注重其作为城市公共空间的场所精神，在其中加入多种城市功能，提升旅客出行体验，创造多样地活动空间，希望可以吸引更多市民活动参与其中，成为城市重要的公共空间和精神寄托。

5　结语

中国特色站城融合发展理念是未来本土化交通枢纽与城市建设的重要方向，多样化的交通方式和多种类的城市功能有机融合才能更好地带动城市高速发展。本文详细阐述了我们在杭州西站的设计中，做出前所未有的新尝试，提出了精神场所，站场拉开，分层确权，立体红线等创新理念，并应用到实际建设中。期望我们的尝试与努力可以为未来站城融合本土化研究及实践提供有利的参考价值。

注：除注明外，本文图片版权归作者所有。

参考文献

[1] 贝托里尼（Bertolini）. 铁轨上的城市：火车站区域的再发展 Cities On Rails：Redevelopment of The Railway Station Area[M]. Routledge，1998.

[2] 郑健，贾坚，魏巍 . 中国高铁丛书—高铁车站 [M]. 上海：上海科学技术文献出版社，2019.

[3] 郑健，沈中伟，蔡申夫 . 中国当代铁路客站设计理论探索 [M]. 北京：人民交通出版社，2009.

[4] 刘易斯·芒福德 . 城市发展史——起源，演变和前景 [M]. 北京：中国建筑工业出版社，2004.

基于站城融合理念的铁路客站思考与实践

Thinking And Practice Of Railway Passenger Station Based On The Idea Of Station City Integration

陈东杰
中国铁路经济规划研究院；mailcdj@qq.com
Chen Dongjie
China Railway Economic and Planning Research Institute

摘　要：建国 70 年的发展史，不仅是城乡现代化的变迁史，也是各种交通的城市连接方式的变革史，城市区域经济的一体化协同发展，带来了机场，高铁，城市轨道等综合交通枢纽的大规模兴建。坚持城市可持续发展，以交通建筑为中心，通过建筑内外空间的合理构建与功能系统协调，在确保充分发挥交通建筑功能运作的同时，与城市空间产业有机整合，构建了以交通建筑为主体的城市综合体，满足城市发展与经济建设需求；同时，通过周边土地有效开发与利用，保证和提升交通建筑的功能品质，做到交通与城市融合发展而不相互削减，形成符合中国国情、路地良好合作站城融合的模式。

关键词：铁路客站；站城融合；协同发展

Abstract：The development history of 70 years since the founding of the People's Republic of China is not only the history of urban and rural modernization，but also the history of the urban connection by means of various kind of transportation，as well as the coordinated development of urban regional economy，which has led to the large-scale hub constructions of airport，high-speed and urban rail. Insist on urban sustainable development，the traffic construction as the center，a kind of urban traffic complex is set up by reasonable internal and external space system and functional coordination，which gives full attention to traffic operation，also to organic integration of urban space and industry，to meet urban economic development. A model of station city integration in line with native development and good cooperation between railway and city is achieved by means of effective land utilization，which promote better functioning of traffic building，as well as promote better traffic city integration instead of adverse impact.

Keywords：Railway station；Station city integration；Synergetic development

结合几个高铁车站案例，分享一些基于站城融合理念的铁路客站思考与实践启示。

1 上海虹桥站

虹桥站其中交通核心区 26km²，融合区达到 86km²（图 1）。上海虹桥站从基于站城融合的理念角度来讲，主要体现在"大交通、大空间、大融合"。如何理解大交通？所谓"大交通"是把各种不同类型的交通方式叠加到一起，形成了大的交通格局，包括高铁车站、航站楼、地铁以及换乘中心，把各种交通方式融合到了一起（图 2~ 图 4）。

上海虹桥甚至还预留了磁悬浮的轨道交通，拟按 450km/h 的速度硬性，并且考虑了从虹桥往南京和杭州的方向可能性，只是由于当时的特殊历史条件没能实施。目前浦东到虹桥预留的通道准备做机场联络线，也只好采用了国铁制式。希望未来高速磁浮在中国能有好的发展机会（图 5）。

图 1　上海虹桥

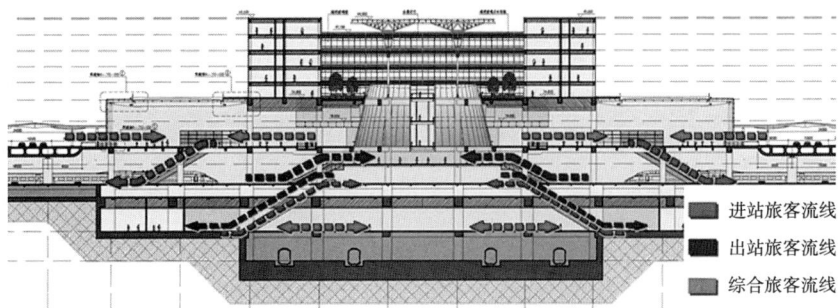

进站旅客流线
出站旅客流线
综合旅客流线

图 2　上海虹桥案例分析——大交通 1

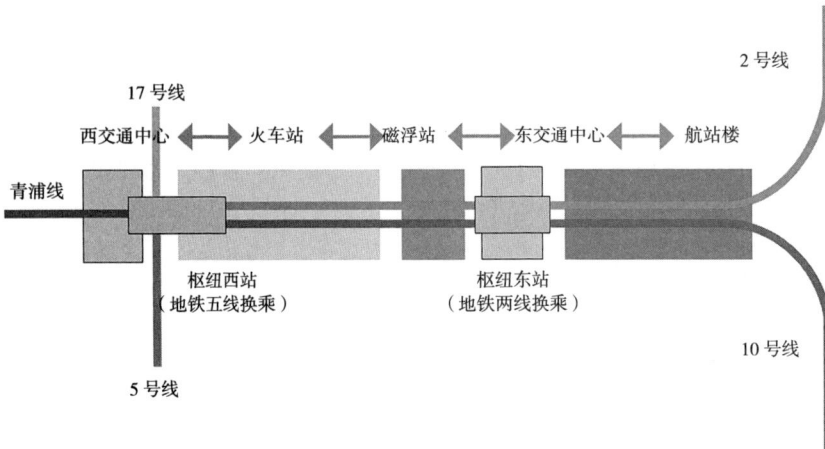

图3 上海虹桥案例分析—大交通2

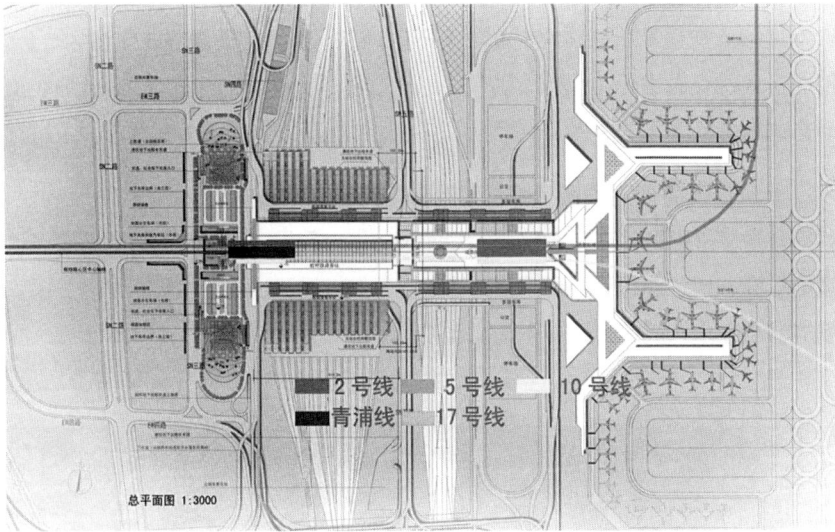

图4 上海虹桥案例分析—大交通3

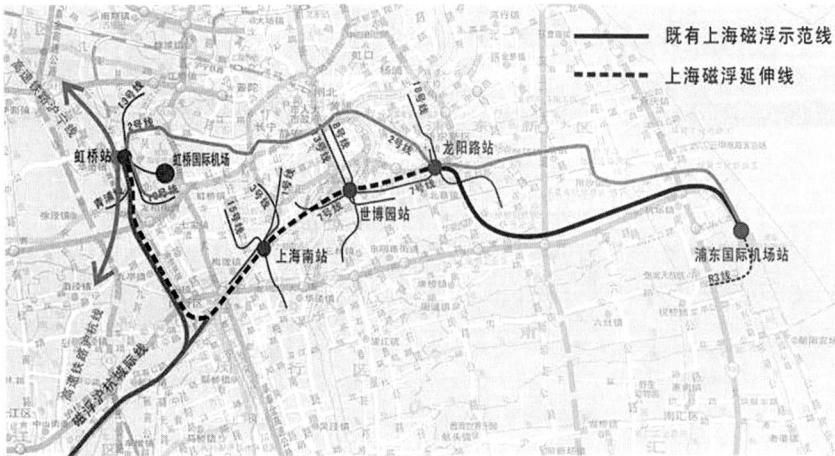

图5 虹桥浦东两大机场联络线
（图片来源：铁四院）

图6 上海虹桥案例分析——大空间

上海虹桥预留了旅店、商场、商业设施,总面积是20万m²,所以上海虹桥枢纽的大交通有高速铁路、城际铁路、客运专线、航空交通、城市轨道,以及高架等多网融合的交通体,这是虹桥大交通的概括。上海虹桥整个大交通展现出了卓越的交通功能,其中轨道交通占总吞吐量的67%,包括高铁以及地铁,在今年国庆节当天仅高铁就发送旅客人次达32.5万人次。

关于"大空间"(图6)。所谓的大空间是把几个空间加在一起就"大"了?它体现在几个层面。不仅仅是指高铁车站在内部空间发展的大空间,也是铁路高铁站的发展过程,从小空间向大空间的发展。"大空间"还体现在哪里?首先是把整个高铁的大空间磁悬浮以及航站楼三个空间全部连在一起,并且从高架层、地面层以及地下层都进行连通。其次是除了内部的衔接以外,在外部南北两个车道都是贯通的,车子可以都开过来,由于管理原因做了一些调整,内外空间上下三层都连在一起。"大空间"还体现在整个交通综合体与周边的城市空间在更大的层面上衔接在了一起。

关于"大融合"(图7)。上海虹桥的大融合首先是交通功能的大融合,第二是地域空间的大融合。上海虹桥枢纽在这个位置,向内对接江苏、浙江和长三角,向外面向世界,这确实形成了大的格局,不仅仅是在周边小范围26km²的范围里融合得非常好。另外是产业经济的大融合,围绕虹桥枢纽周边的产业布局,目前基本都是按照这些设施来实现。

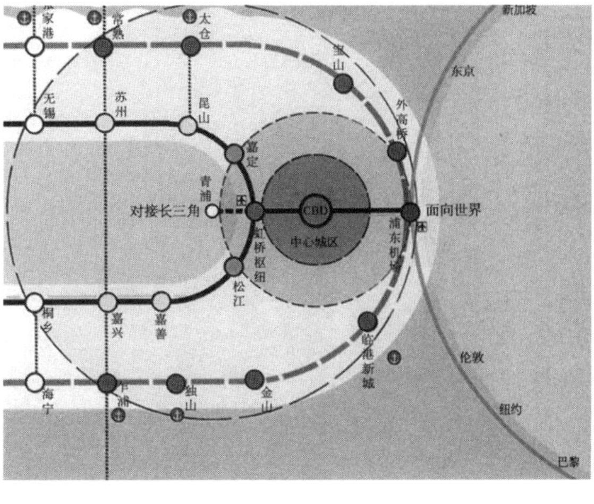

图7 上海虹桥案例分析—大融合
(图片来源:华东院)

关于虹桥站建设过程中的几个分块，基本上都是按照这样的"大交通、大空间、大融合"形成了今天这样的格局，并且该格局与车站的交通功能不冲突，这是虹桥枢纽非常大的特点。

上海虹桥能坚持城市可持续发展与交通为中心，通过功能系统协调，确保充分发挥交通运作的同时，与城市空间产业有机结合，构建了以交通为主体的城市综合体，通过土地有效开发，做到交通与城市融合而不交叉影响。这是符合中国国情，也是路地良好合作的做法。

上海虹桥也是国内较少的做了工程后评估的项目。

2　重庆沙坪坝站

沙坪坝地处成渝经济圈（图8、图9），站点在重庆铁路枢纽总图非常重要的位置上。重庆地形凹凸不平，车站正好在山形凹地里，这里有特殊的条件限制，总面积75万 m^2。地铁在地下内部换乘，属于内部的空间构成，高铁规模3台7线，车场规模不大（图10~图12）。

沙坪坝的案例首先是部市合作的示范案例，高铁上盖的开发号称第一例，在铁路投融资体制做了很多探索，有很多启示。

首先，站城融合不是一蹴而就，通过沙坪坝案例再次说明了这个观点，沙坪坝车站从2010年开始策划，一直到2020年才基本全部竣工，还有些未完零星工程，前后历经10年（图13）。

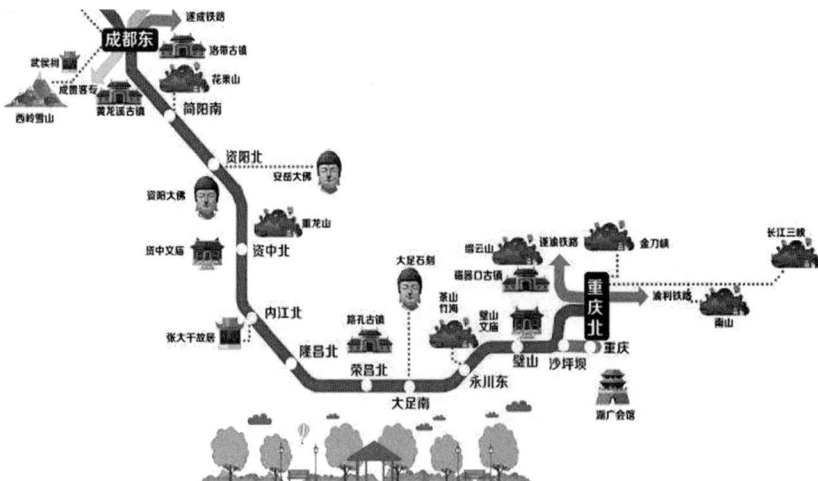

图8　成渝双城圈

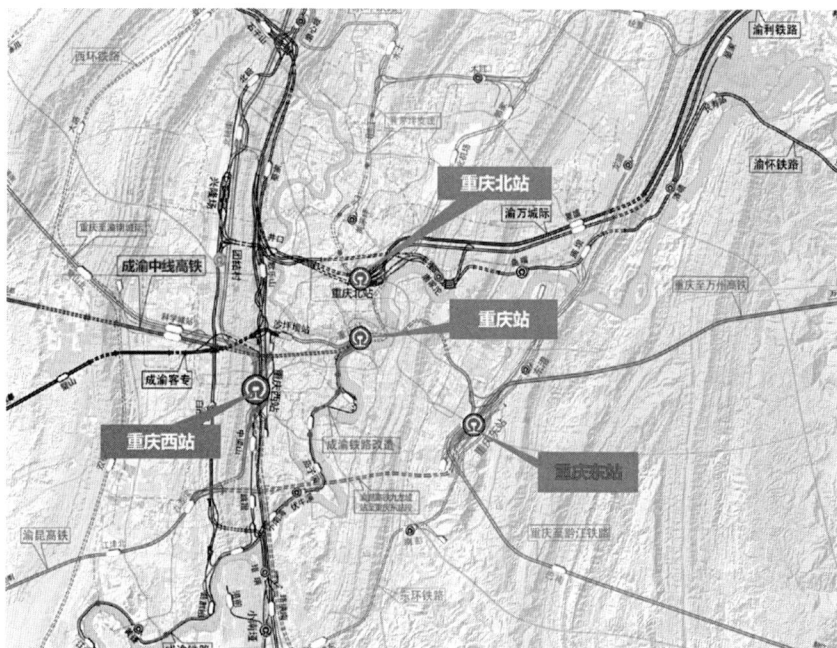

图 9   重庆铁路枢纽总图

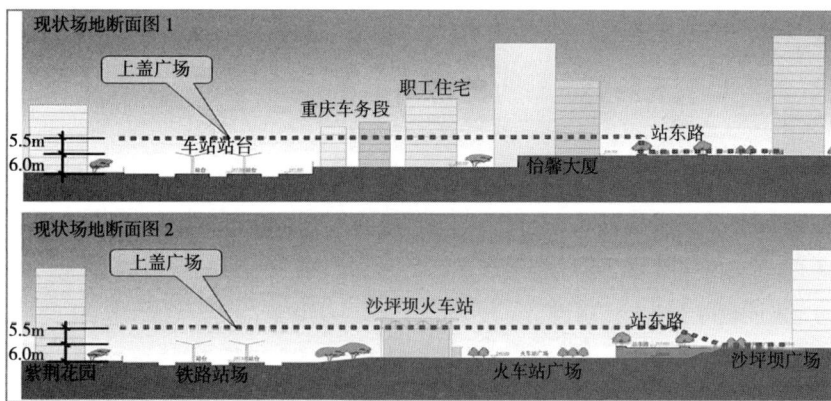

图 10   场地情况——上盖开发

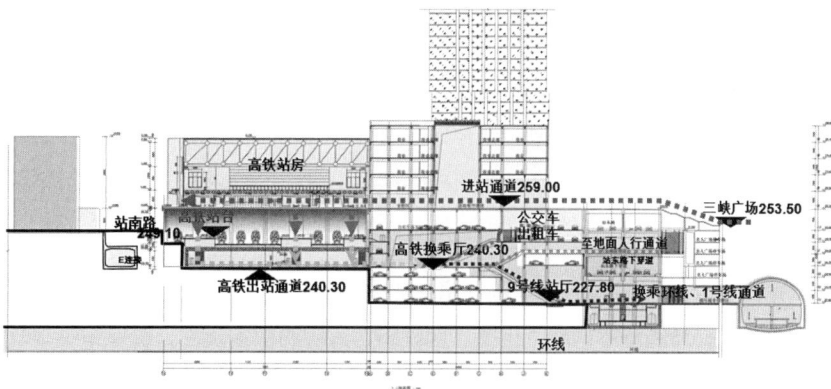

图 11   重庆沙坪坝站剖面

图 12 沙坪坝站案例分析——平面构成

2010 年	原铁道部与重庆市同意对沙坪坝站进行综合开发模式的建设（铁计函【2010】1933 号）。
2012 年	印发《沙坪坝铁路枢纽综合改造工程可行性研究报告的批复》（渝发改交【2012】1275 号）。
2013 年	启动征地拆迁工作和深基坑工程施工。
2015 年	完成方案审查。
2016 年	完成施工图设计。
2017 年	完成站场上盖土地招拍挂，龙湖地产集团启动 TOD 商业开发。
2018 年	1 月 25 日成渝客专沙坪坝站开通运营。
2020 年	上盖 TOD 商业整体开街，周边配套道路全部投用，站城一体开发全面发挥效益。

图 13 上盖开发历程

第二，沙坪坝的案例不具备铁路站城融合的普遍意义，由于沙坪坝车站规模较小，3 台 7 线可以放在地下，并巧妙地利用了重庆的地形，上盖开发形成了一个很好的案例，但上盖开发更适合城际轨道交通，是否适合大规模的车场上盖还有待于进一步探讨。

3 站城融合思考

基于站城融合的几点思考：第一，铁路站城融合是体现了国家发展战略，从国家层面契合国家发展规划，优化区域结构和优化产业格局。每一条铁路的建设都体现着中国铁路 TOD 交通引导的作用，每一个站点都书写着站与城融合的故事（图 14）。

第二，交通上的畅通融合是铁路站城融合最基本的功能，既是铁路车站和城市对外交通的基本功能，也是人民铁路为人民的根本属性，这是车站建筑灵魂。铁路依然长期存在发展不平衡不充分的矛盾，有时甚至一票难求，所以

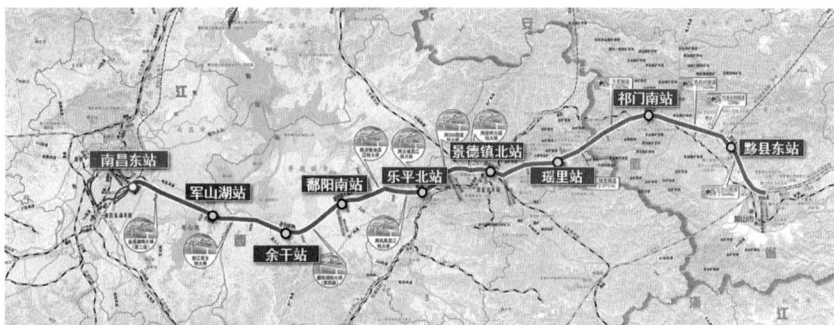

图 14　铁路站城融合体现着
国家发展战略
（图片来源：经规院）

在车站考虑站城融合首先要考虑的是交通上畅通融合，车站内人山人海的场景今年依然可以看到。虹桥站这么大的规模尚且有这么多人，站城融合如果不考虑车站的基本交通功能，那谈其他的融合又有什么意义呢？而且开发周边必然会带来很多交通量的额外增加，必须要处理好畅通融合的交通功能。

第三，铁路站城融合要考虑铁路公共安全影响大的特点。运行安全要求高，反恐防爆压力大，全国铁路一张网，设备联动，人机联控，全年每天 24 小时不间断运行。包括虹桥机场也开始加这些安检设施，不得不考虑公共安全这个现实问题，包括卫生防疫。

第四，铁路的旅客的差异性，哈里森提倡的 TOD 公共交通，主要是通勤客流为主的公交化客流。在铁路车站有一定的等候时间，至少要半小时，我们努力在改变，但总是要等候，地铁来了就可以走，客流特点不一样，另外铁路上车下车有大包小包，地铁客流没有这样的情况。

第五，站城融合考虑铁路的公益性。人民铁路为人民深入人心，航空晚点一小时对于乘客是可以理解的，但是铁路晚点 10 分钟就使旅客强烈不满。另外还有绿皮慢火车、脱贫扶贫。在疫情期间，其他车可以不开，铁路得开，2020年新冠疫情期间发送旅客达 4.56 亿人次，其中不少都是公益性的，负重前行。

第六，小汽车是铁路站城融合要面对的一个坎。这与原来哈里森提倡的公共交通不同，中国的发展必须面对小汽车的存在，而且这种存在将是长期的，必须要解决好。想要让人们放弃相对舒适的汽车一定要有完善的公共交通才行，而且即便是将来有了完善的公共交通，相信仍会有不少人士依然不会放弃轿车出行。

第七，站城融合不能等同于商业开发。目前有不少的态势是在铁路车站内部和周边做了过多的城市商业开发，甚至为了满足开发而牺牲车站的一些基本候车功能等，为了资金平衡而高强度开发降低城市品质，将商业综合体粗暴地上盖于干线车场等，这些需要引起高度重视。

第八，站城融合不是一蹴而就，拔苗助长不可取。站城融合从规划到建成是一个生长过程，国内外案例都证明站城融合要经历十几年甚至几十年的时期（图15~图17）。

东京涩谷站，前后经历了快100年，才有现在看到的样子。还有日本大阪站，历时32年从开始到现在看到的样子（图18、图19）。

图15 东京涩谷站 1920

图16 东京涩谷站 1960

图17 东京涩谷站 2015
（图片来源：经规院）

图 18 大阪站过去（左）
图 19 大阪站现在（右）

第九，不同站城融合模式将长期并存。由于中国铁路长期发展的不平衡性，所以各种模式将长期并存（图20）。

此外，在政策法规层面依然需要不断的管理创新。

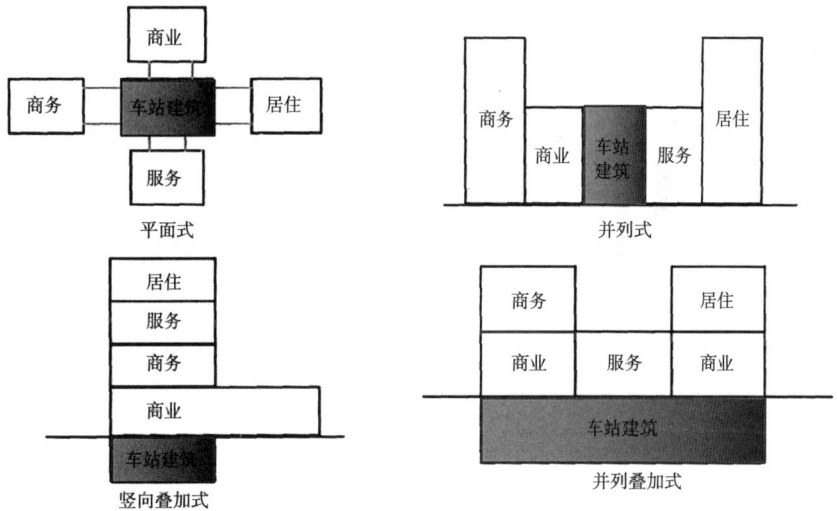

图 20 站城融合不同的模式

参考文献

[1] 郑健，贾坚，魏巍.中国高铁丛书—高铁车站[M].上海：上海科学技术文献出版社，2019.

[2] 郑健，沈中伟，蔡申夫.中国当代铁路客站设计理论探索[M].上海：上海科学技术文献出版社，2009.

[3] 中国铁路经济规划研究院有限公司等，现代客运枢纽分会技术交流会论文集[M].上海：同济大学出版社，2020.

[4] 日建设计站城一体开发研究会.站城一体开发——新一代公共交通指向型城市建设[M].北京：中国建筑工业出版社，2016.

[5] 刘武君.综合交通枢纽规划[M].上海：上海科学技术文献出版，2015.

[6] 陈东杰.上海虹桥枢纽超大型轨道交通综合体[J].时代建筑，2009（05）.

[7] 韩志伟.铁路枢纽大型客站设计实践与思考[J].高速铁路技术，2020（04）.

[8] 李京等.海纳百川——论上海虹桥站综合交通枢纽规划[J].铁道经济研究，2008（02）.

[9] 周铁征.城市交通枢纽的形成与发展[J].城市建筑，2014（03）.

[10] 盛辉.中国第四代铁路客站设计探索[J].城市建筑，2017（11）.

[11] 朱颖，金旭伟等.铁路交通枢纽与城市综合体初探[J].铁道经济研究，2011（06）.

[12] 郑刚等.形象源于理念——上海南站的大交通大空间大绿化设计理念[J].时代建筑，2007（2）.

雄安站站城融合规划设计探讨

Discussion on Station-City Interation of Xiong'an Railway Station

周铁征　中国铁路设计集团有限公司；zhoutiezheng@crdc.com
杜昱霖　中国铁路设计集团有限公司；duyulin@crdc.com
Zhou Tiezheng China Railway Design Corporation
Du Yulin China Railway Design Corporation

摘　要：在国家铁路集团和雄安新区政府的共同推动和努力下，雄安站的规划设计实现了站与城同期规划、同期设计的效果，达成了高度的统一，是站城融合完成度较高的一次尝试。

关键词：雄安站；站城融合

Abstract：With the cooperation of the China State Railway Group and Xiong'an Government，Xiong'an railway station achieved the effect of simultaneous planning and design of station and city，reached a high degree of unity，which is an attempt with a high degree of completion.

Keywords：Xiong'an railway station；Station-City Interation

1　项目历程

为了配合雄安新区的开发建设，铁路先行，2017年北京到雄安的京雄铁路开工建设，按照国家批复的雄安新区总体规划纲要，雄安站设于雄安新区七个组团之中的东部昝岗组团内。由于建设时间紧迫，国铁集团与雄安新区于2017年11月启动了雄安站的国际招标工作，2018年2月最终确定了雄安站建筑设计方案。由中国铁设联合体（中国铁设、中国院、中规院、北京市政院与法国AREP公司）中标（图1），崔恺院士作为设计团队领衔的主创建筑师。

由于当时雄安新区刚刚成立，雄安站周边的规划还没有成型。针对雄安站及周边地区的开发建设，国铁集团与雄安新区成立了建设领导小组，共同推进车站周边地区的规划设计，已达到站城融合在规划层面的效果。采取了成立

图 1　雄安站鸟瞰效果图（左）
图 2　雄安站航拍图（2020
年 12 月 7 日）（右）
（图片来源：中铁十二局）

工作营的模式，组织协调车站与周边地区的规划设计工作。参与工作的设计咨询单位有：中国铁路设计集团、中国建筑设计院、中国城市规划设计院、北京市政设计院、法国 AREP 设计公司、深圳交通研究中心、美国 SOM 设计公司等，分别在各自所侧重的领域发挥作用和担任设计任务。

工作营的效率非常高，沟通协商机制也很直接，所以在 2018 年 6 月在中标方案的基础上完成了实施方案，并于 9 月份稳定了雄安站枢纽片区、枢纽核心区的规划设计，随后在 2018 年 10 月完成了雄安站初步设计，12 月底完成了施工图设计。在 2019 年 2 月完成了昝岗片区的控规，同期雄安站开工建设（图 2）。

雄安站的规划设计历程显示，在短短的一年时间里，由雄安站的建设带动了昝岗组团、枢纽片区以及枢纽核心区的规划落地，同时也为车站枢纽的建设提供了有力的支撑，实现了站城融合的设计初衷。这是国铁集团与雄安新区共同推动、协商共赢的结果，也反映出了多个专业团队之间密切合作、跨越专业壁垒、达成综合创新与最优的结果。

2　枢纽功能的畅通融合

结合雄安新区总规纲要提出的要求，绿色出行比例不低于 90%、公共交通不低于 80%，这对于一个以铁路客站为核心的综合交通枢纽来说，与以往的枢纽规划布局和流线设计相比会有比较大的变化。所以在枢纽以及枢纽片区的规划设计中，首先引入了基于绿色出行理念的客流预测与客流分析，这是枢纽规划设计的基础和前提（图 3）；其次是将地铁 M1 线、R1、R2 线车站布局与铁路车站整体考虑，同时也预留了捷运系统的引入，使得将来城市轨道交通达到最大的便利化（图 4）；再有就是道路交通的快速引入与 CEC 概念的

远期（2040年）枢纽客流接驳方式划分预测

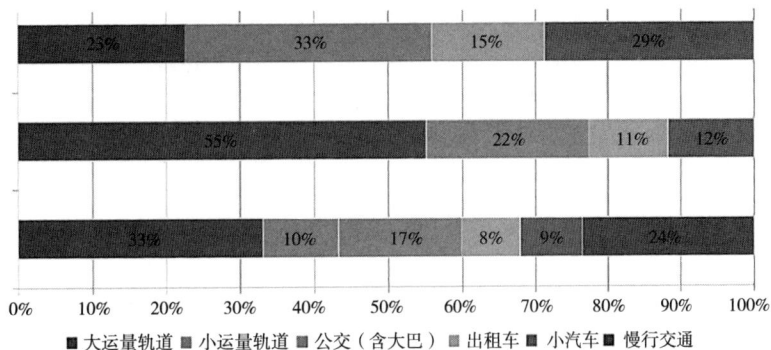

■ 大运量轨道 ■ 小运量轨道 ■ 公交（含大巴） ▨ 出租车 ▨ 小汽车 ▨ 慢行交通

近期（2025年）枢纽客流接驳方式划分预测

图3　枢纽客流接驳方式划分
预测（远期、近期）
（图片来源：《雄安站综合交
通枢纽交通规划与设计专项
研究》）

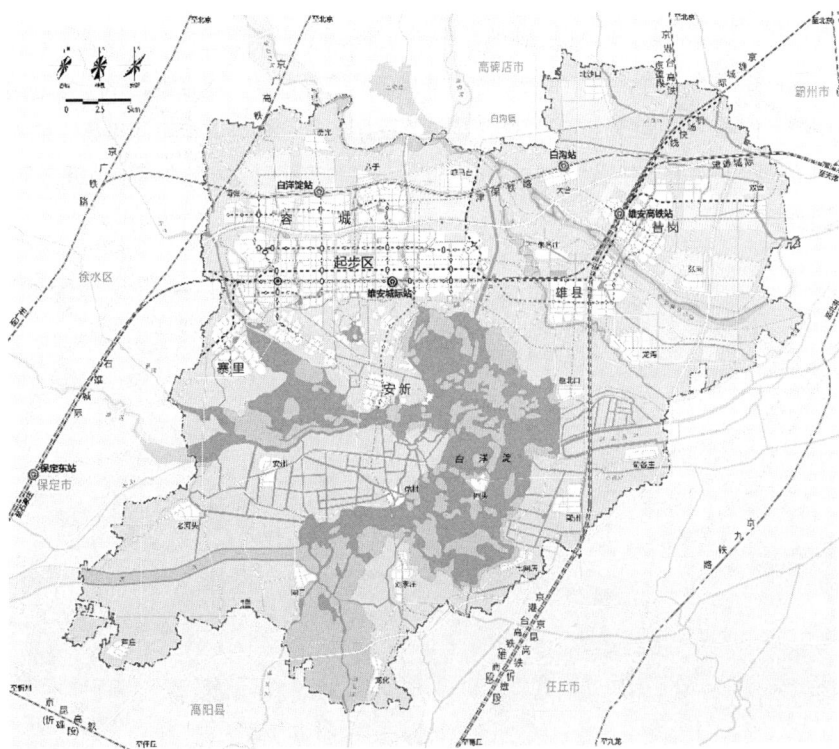

■ 铁路城际中转 ■ 小运量 ■ 公交 ▨ 大巴 ■ 出租车 ■ 网约车
▨ 社会车辆 ▨ 共享汽车 ▨ 步行 ▨ 自行车（含共享）

图4　雄安新区轨道交通系统
规划图
（图片来源：《河北雄安新区
总体规划》新区轨道交通系统
规划图）

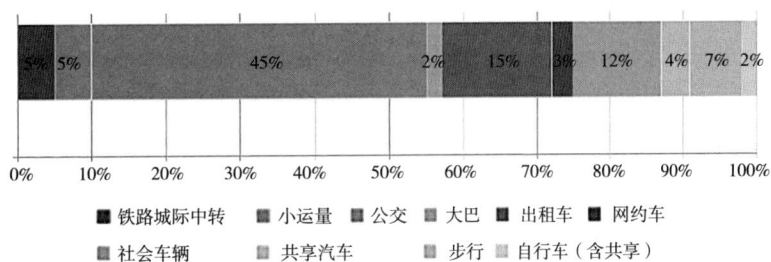

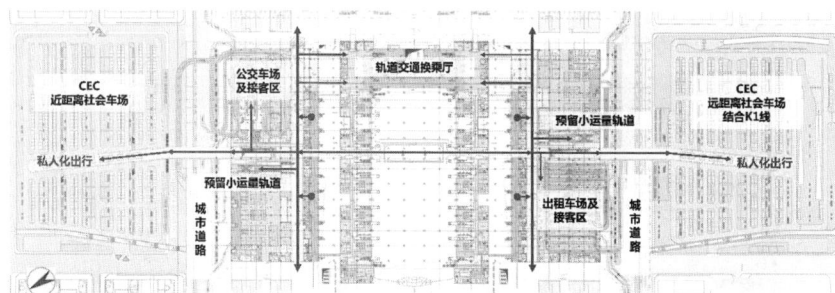

图 5　夹层交通组织示意图

建立和设置，将社会小汽车快速引入到枢纽以及周边大规模的停车设施中，使得枢纽也成为绿色出行的转换枢纽（图 5）。

结合雄安站桥式站的特点，铁路站台位于桥上，将近 20m 的桥下空间利用为交通接驳场站，与铁路客站一体化设计，成为更加紧凑便捷的综合交通枢纽，也实现了铁路客站与多种市政交通系统顺畅衔接。地面层枢纽的中间部分是铁路客站的候车厅，南北两侧是城市通廊，市民可以自由地穿行，也是主要的进站方向，因为再两侧就是市政交通的各类接驳场站。接驳场站都有夹层，出站旅客下到夹层即可接驳各类交通设施。小汽车的引入位于地下一层，可以快速地到达车站，也可以进入到枢纽两侧的 CEC 大型停车场（图 6）。

规划设计中充分考虑了雄安新区长远发展的需要，确定了工程预留的范围和解决了过渡期空间利用的问题。雄安站由两个车场组成，一个是雄安到北京的铁路车场，另一个是雄安到天津铁路车场的预留场，津雄铁路是一个远期项目，但考虑到枢纽组成的完整性和将来使用的便利性，此次将津雄场也纳入到工程建设中来，并把两个铁路车场拉开，在改善了铁路桥下换乘候车的空间

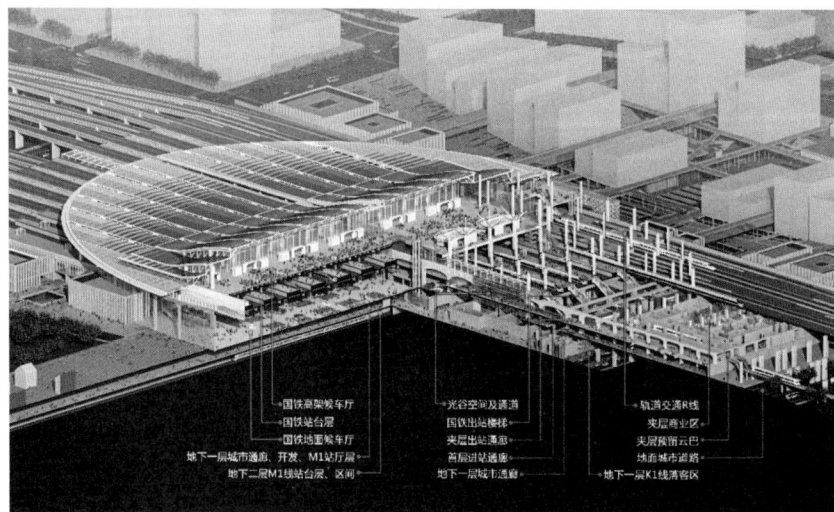

图 6　雄安站剖透视效果图

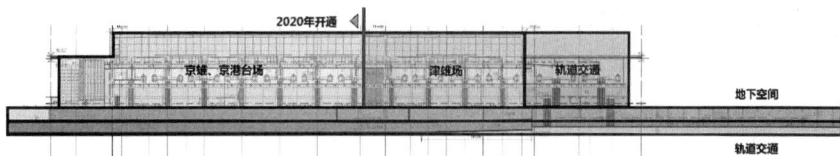

图7 雄安站站场空间剖面图

环境同时，也为将来过渡期使用的分割带来方便（图7）。新区规划的三条地铁线路也作为工程预留同期实施，其中R线的两个车站与铁路同标高位于桥上。地铁车站预留在地下二层，同时在地下一层还留有大量的空间为以后雄安新区地下空间的开发利用创造条件。由于有大量的工程预留空间，而雄安新区的建设和发展是需要时间的，客流的增长也会是一个持续的过程，那么过渡期间的空间利用就成为一个重要的问题。目前随着雄安站即将建成使用，正在研究将枢纽部分预留空间，作为城市的服务性和展示性空间使用，这也能体现出站城融合，共同生长、共同发展的规划理念。

3　雄安站的站城融合

首先是一体化枢纽的内部融入了更多的城市功能。雄安站作为桥式站，根据铁路设计的合理性，将包括站台长度450m以及部分铁路咽喉区域纳入到车站范围内，形成了606m长站桥合一的结构体系，为桥下空间的利用创造条件。在这个范围内不仅包含了铁路客站的功能，还包括与铁路客站相衔接的所有市政交通配套设施。同时还有大量的城市商业服务型空间以及三个层面城市联通空间。在枢纽的地下、地面和夹层铁路车站功能的两侧，都有贯穿枢纽东西的城市公共空间，其中地下和夹层为室内环境效果（图8）。三个层面的通廊两侧串联着各种服务型的商业空间，将枢纽内部营造出有活力城市的氛围（图9）。

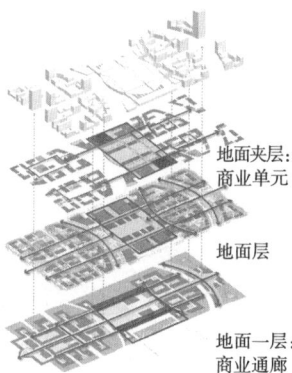

图8　首层城市通廊效果图（左）
图9　雄安站城市空间关系示意图（右）

119

在雄安站枢纽周边城市设计中，力求将枢纽与周边城市紧密衔接，以形成完整的枢纽核心区域，使得枢纽与城市没有界限，不做大广场，充分利用车站周边的土地。在地下和夹层与周边城市建筑的室内联系，保证了一体化的体验；四角商业建筑的设置，避免了因车站长度过长而引起占用前面城市空间的空间浪费；车站东侧规划的雄安集市与地铁换乘紧密结合能够形成具有活力的城市核心区域（图10）；西侧与城市景观带结合形成站前景观广场，作为城市景观带的一个节点。这些都是在规划设计过程中，枢纽设计与周边城市设计达成的共同思路，目的就是要将枢纽与城市融合起来，一方面为旅客带来更多的便利，另一方面使得枢纽能为城市作出更大的贡献（图11）。

铁路的生产生活房屋建筑一直都是伴随着铁路客站或综合交通枢纽，功能上时必须存在的，而且由于铁路运营作业比较特殊，要求也多，一直以来都是铁路与地方规划部门争执的区域。本次在雄安站的设计中，由于铁路与新区共同协商，给予相关政策，铁路方面也调整了需求。生产生活房屋的设计按照

图 10　雄安站东广场轨道交通空间效果图

图 11　雄安站枢纽片区城市设计效果图
（图片来源：河北雄安新区雄安站枢纽片区控制性详细规划）

图 12 雄安站生产生活房屋实景图

片区规划和城市设计的要求进行合并综合，同时也提高了设计的标准，建成后与新区城市建筑风貌能够融为一体（图 12）。

4 思考与展望

通过对于雄安站规划设计中在站城融合方面所做工作的梳理，我们看到，首先是站城融合的基础是枢纽交通功能的实现，是枢纽与城市交通接驳的顺畅与便利而实现的畅通融合；其次是绿色出行是今后发展的方向，满足绿色交通的综合交通枢纽的形式还需要继续探索；第三是站城融合需要路、地双方共同推进，这一点至关重要；第四是站城融合有多种不同的实现形式，会因各地区、各站点不同的经济发展水平、社会习惯、自然条件、建设条件等的不同而采取不同的应对和解决方案，但站城融合的规划设计初衷是不应改变的。

注：除注明外，本文图片版权归作者所有。

参考文献

[1] 中国铁路设计集团有限公司，深圳市城市交通规划设计研究中心.雄安站综合交通枢纽交通配套工程专项研究 [R].河北雄安，2018.12.

[2] 中国雄安官网.北京清华同衡规划设计研究院有限公司，河北雄安新区雄安站枢纽片区控制性详细规划 [EB/OL].http://www.xiongan.gov.cn/2020-04/21/c_1210578695.htm，2020-04-21.

中国铁路客站发展沿革与站城融合创新设计实践

The Evolution of Chinese Railway Passenger Station，and the Innovative Design Practices of the Station-city Integration

盛 晖
中铁第四勘察设计院集团有限公司；tsysheng@126.com
Sheng Hui
China Railway Siyuan Survey And Design Group CO.LTD.

摘 要：铁路客站在我国的发展历程直接反映了时代的需求与变化，梳理分析站城关系及其演变进程，有利于我们对未来火车站建筑设计发展的方向把握。回顾过去，尤其是近十多年来，我国火车站建设速度惊人，但设计仍显粗放，站城缺乏融合，建筑品质与国际先进水平相比还存在差距。面对新时代大量高铁客站的建设需求，我们有必要重视总结思考，以问题和需求为导向，创新理论、完善标准，让肩负新时代使命的新一代铁路客站展现出新的效率、新的体验和新的价值，成为美好生活的重要组成，成为城市更新的抓手和促进经济转型升级的引擎。文章结合近期铁客站项目的实际案例，重点阐述作者在站城融合创新实践中的设计思考。

关键词：新时代；高铁客站；综合客运枢纽；效率；体验；站城融合；城市客厅；换乘中心

Abstract：The development of railway passenger stations directly reflects the needs and changes of the times in China. It is helpful for us to grasp the direction of the future railway station architectural design development，by analyzing the relationship between station and city and its evolution. In the past，especially in the recent ten years，the construction speed of railway stations is amazing in China，however，the design is still extensive. Bedsides，the station-city integration is lacking，and the construction quality can hardly reach the advanced international level. Facing the large construction demand of high-speed railway stations in the new era，it is necessary to pay attention to summary. With problem and demand oriented，we need to innovate the theory and perfect the standard, so the new generation of passenger railway station which undertakes the mission of a new era, can show the new efficiency, new experience and new value. This new generation will also become an important part of better life, a gripper of urban renewal, and an engine of promoting economic transformation and upgrading. Based on the recent practical cases of the railway stations, this paper focuses on the author's design and thinking on the innovative practices of the station-city integration.

Keywords: New era; High-speed railway passenger stations; Integrated passenger transport hub; Efficiency; Experience; Station-city integration; City living room; Transfer center

1　火车站及站城关系的演变

近 200 年前，由第一次工业革命成果催生出的铁路，以两条钢轨替代了河道，开始成为城市兴盛的重要因素。100 年后，铁路在与高速公路和航空业的竞争中渐落下风，一度趋于衰落而被城市所淡忘。今天，人口快速向城市集中。站在新世纪的起点规划思考未来的城市，又再次发现铁路在应对严峻的环境和社会问题时的重要价值，并以热情的拥抱欢迎它变身高铁的回归。

火车站伴随着铁路的延伸而生长，以建筑实体记录着铁路的兴衰。早期的火车站诞生于交通不发达的年代，功能比较单纯。它一侧以铁轨连接外部的世界，一侧面向城市的广场街道，成为城市内外的衔接点，被称为"城市大门"。在建筑形象上，火车站曾承载着城市的雄心与梦想，也装满了人们生活离合的乡愁记忆。因此火车站一开始就不同于普通的公共建筑，被赋予着更多的象征性意义，普遍追求地标性。这种思维观念至今根深蒂固。

火车站与城市的关系，随着时代需求的变化而改变，梳理分析站城关系及其演变进程，有利于我们对未来火车站建筑设计发展的方向把握。

我国铁路的起步就比世界晚了 50 多年。直到 1876 年吴淞铁路的修建，中国大地上才首次出现了铁路的身影。新中国成立之后，我国铁路走的又是一条独立自主的发展道路。各地火车站由中央铁路主管部门统一负责规划建设，城市地方政府配合，因此中国的火车站建筑以及站城关系都具有较强的自身模式特点。

1.1 新中国成立初期的第一代火车站——城市大门

新中国成立初期，我国新建和改造了一批铁路客站，形成我国第一代火车站。1952年7月1日通车的成渝铁路重庆菜园坝站是新中国成立后新建的第一座火车站。1959年9月14日建成的北京站（图1），作为建国十周年首都"十大建筑"之一，代表了我国建筑设计的最高水平。北京站设计规模最高聚集人数为14000人，建筑面积46700m²。一层为交通、服务、作业和部分候车；二层主要为候车、餐厅、文娱等；三层为办公。除一站台外上车旅客均在二楼通过宽敞的高架通廊下至各站台，下车旅客则经地道至出站口。北京站具有浓郁的民族色彩和鲜明的时代风格的建筑形象，它创建的车站模式对我国其后的站房设计影响深远，已成为早期中国铁路客站建筑设计的经典范例。

其后在经济困难时期建设的韶山站（1967年建成）、南京站（1968年建成）、"文革"期间建设的广州站（1974年建成）、长沙站（1977年建成）等，都是我国第一代铁路客站的代表作品。这些车站是在当时受到技术、经济较大制约条件和较高的政治要求下的建设成果，反映了那个时代的需求。在站城关系上，由于车站一般为所在地为数不多的重要公共建筑，所以在厉行节约的同时，也追求一定的纪念性，强调城市门户的象征意义。

世界上早期的火车站也多经历过这个阶段，站房形象独立宏伟，平面铺展，站前配以空阔的大广场。功能上关注更多的是车站自身问题。站城关系主要就是城市与门户的关系，如德国汉诺威火车总站（图2）、美国华盛顿联合车站等。

1.2 改革开放带来的第二代火车站——站城分置

中国的改革开放使国民经济出现了高速增长。铁路加大了建设力度，也为火车站建设带来了发展机遇。1979年以来，铁路客站进入了更新换代的建

图1 北京站（左）
图2 德国汉诺威火车总站
（1900）（右）

设高潮。先后建成了上海、天津、北京西、深圳、成都、郑州、徐州、合肥、沈阳北、西安等一批新客站。由于经济好转、思想眼界开放，建筑师设计热情高涨，火车站出现了一些全新的形式，形成了我国第二代铁路客站。

1987年12月建成的上海站（图3），是我国第二代铁路旅客车站的优秀代表。站房面积45200m²，另有行包房、地道、站台雨篷等56500m²。设7座站台，15条股道，6个高架候车厅。铁路的南北两侧均设有站前广场，共计9万m²。上海站首创的这种"南北开口、高架候车"的全新布局，使旅客可以从铁路的双侧进入火车站，与传统的车站相比，缩短了流线、节约了土地。并把被铁路分割的城市连接了起来，首次使站与城的关系得到了强化。线上候车的出现是中国铁路客站建筑史上的里程碑，这种形式至今仍是中国大型客站的主流形式。

此外，这个时期的客站还出现了一种线侧站房综合楼的新形式，使火车站的体量成倍地高大起来。以前的火车站因为功能原因，楼体做不高，与周边建筑体量相比，不易取得站区的主导性地位。1997年建成的北京西站（图4）首次借鉴了日本商业综合体车站的形式，车站线侧门型综合楼体量巨大，立面宏伟壮观，满足了当时各地展现城市新貌、体现建设成就的形象要求。同时因为加入了一些交通以外的城市功能，可以满足铁路多种经营的开展需求。这种形式一经出现便深受欢迎，风靡一时。例如同期建设的深圳站、杭州站、沈阳北站、南昌站等，都采取了这种综合楼的站房形式。

从站城关系看，火车站不仅是城市大门，也尝试加入一些城市功能。客站与城市规划已经有了一些协同的愿望和努力。比如北京西站、南京站、广州东站都在火车站建设时同步或预留建设了地铁车站；很多城市在火车站附近规划建设长途客运站等。但总体来说，由于体制机制原因，城市规划和铁路客站规划还是路地双方各自思考、分别制定，协同互动效果不明显。

图3 上海站（1987）[1]（左）
图4 北京西站（1997）（右）

1.3 以高铁客站为代表的第三代客站——依站建城

21 世纪初，伴随着中国经济发展和城镇化进程加快，高铁迅速崛起。2008 年北京奥运会前京津城际铁路的开通，标志着中国铁路正式进入了高铁时代。北京南站是中国建成的第一座高铁车站。上海虹桥枢纽是我国第一个集铁陆空三位一体的世界级综合交通枢纽。

高铁时代的客站技术不断突破，武汉站（图5）、广州南站（图6）等"桥建合一"火车站的出现，不仅是结构技术的创新突破，更是火车站建设理念的一次飞跃。高架的铁路站场使客站中最后一个要素——换乘广场也与客站叠合在一个立体空间中，铁路客站真正成为集各种交通换乘方式为一体的零距离换乘的综合交通体。

截止到 2016 年底的统计，我国已经建成高铁客站 767 座，特大型客站 52 座，分布在祖国东西南北的广袤大地上。由于这批新建的高铁车站大多远离城市中心的既有建成区，因此呈现出了当地根据站址调整或强化城市建设发展规划，依站建城的普遍现象。

以深圳为例，深圳北站（图7）选址位于当时较为偏远的龙华地区，车站建成七八年之后，这里已经依托客运枢纽逐渐建成较为繁华的城市区域，根据

图5　武汉站
（图片来源：盛和钧拍摄）

图6　广州南站
（图片来源：铁四院）

图7　深圳北依站建城
（图片来源：HPP 提供）

规划今后该地区将形成更加重要的商务中心区。另一个典型的例子是郑州东站，随着高铁站的到来，在原来非常荒芜的土地上，经过十年的建设，一座现代化的高铁新城已经基本成型。

依站建城会有一个较长的周期，从这些年的实践看，既有成功的经验也有失败的教训。尤其是中小城市，经济实力弱、高铁客流量小、区域吸引力有限，应充分考虑依站建城效果不及预期的建设风险。

1.4　新时代高铁客站升级版——站城融合

回顾刚刚过去的十多年，我国建成了近千座火车站，建设的规模和建设的速度着实惊人，是世界的奇迹。高铁建设成就彻底改变了以往我国铁路客运低效落后的面貌。但我们也要看到，目前客站距离社会需求和人民群众的美好愿望还有差距。比如换乘效率还不够高、旅行体验还不够好、建筑品质还达不到国际先进水平。尤其在站城融合、助力城市发展的需求方面，还有很多工作要做。

据了解，我国今后还有近千座高铁站计划兴建，建设的压力让我们无法停下前进的脚步。但正如以上问题所反映出的，我们继续进步的上升空间遇到了瓶颈，还面临方向抉择的问题。因此，应以问题为导向、需求为导向，进行静心思考和务实总结，只有具备更广阔的视野和更前瞻策略，才能看清趋势，把握未来。

中共十九大指出中国特色社会主义进入新时代。今天我们大家所讨论的，包括中国工程院"站城融合发展战略"课题所研究的,都可以得出一个结论,我国火车站设计又走到了升级换代的关键时点,时代呼唤着高铁客站的升级版。

2 新时代的新需求

升级发展、未来已来。今天,当我们站在新时代的历史节点,研讨今后铁路客站建设规划,首先应深刻分析了解所处的时代背景:从全球视角看,信息化、智能化时代即将到来。数字化经济生活和全球疫情的长期影响都将给建筑设计带来全新思考;从国内范围来看,我国城镇化进程中伴随严峻的环境问题和社会问题,面临着人们日益增长的美好生活需求和不充分不平衡发展的矛盾。必须转变经济发展方式,优化经济结构,转换增长动力。而铁路客站作为我国重要的基础设施和民生工程,在其中肩负着重要的历史责任;从铁路行业自身审视,铁路改革,政企分开,投融资多样化试点,铁路建设运营走上现代化企业之路。国家铁路集团也提出了"畅通融合、绿色温馨、经济艺术、智能便捷"的铁路客站建设新理念。

新的时代,新的需求,必然催生与之适应的新建筑。今天的铁路客站设计应准确把握形势要求,坚持交通运输服务人民,更好地发挥对经济社会发展的支撑引领作用。新一代客站要进一步提高旅客运输能力和综合换乘效率,还要利用技术进步和服务水平的提高来提升旅行体验,满足人们日益增长的美好需求。通俗地讲,就是交通运输发展要从"走得了"升级到"走得快""走得好",更强调客运效率和旅客的体验。同时,铁路客站还应在新时代发挥出促进城市更新改造和助推社会经济转型升级的新价值。

我将其归纳为"新效率、新体验、新价值"。具体来说,新一代铁路客站应满足以下五个主要标准:

2.1 交通综合

不同交通方式融合发展是构建现代综合交通运输体系的必然要求,现代化的综合客运枢纽,从基础设施的衔接上必须加强各种交通方式融合。客运交通"以人为本",集合发挥各种交通方式性能特点,优势互补、高效运营。

新一代铁路客站是以高铁客站为中心或主体之一的综合了各种城市对内

对外客运交通方式的一体化交通建筑。无缝衔接、无风雨换乘、零手续中转是基本要求，旅客在其中能感受到明确、便捷、安全、舒适。客站如同各种交通聚集节点上的自动换乘机器，高效吞吐客流。

2.2　站城融合

站城融合或称站城一体化融合发展。也有人将其直接理解为 TOD，但其实两者涵义并不能完全等同。今天的铁路客站不再仅仅是城市对外交通的场所，还要发挥好对城市发展的引导作用。铁路客站是城市的有机组成部分，是城市规划的前导、经济发展的引擎，也是整合容纳各种城市功能的容器。

铁路客站已不再必须强调本身独立的站房形象，它可以是模糊了铁路与城市的界限的城市综合体，也可以是站城融合的一体化综合开发项目。铁路客站新建和改造车站融合于城市，起到激发城市活力、带动城市更新的作用。

2.3　功能复合

火车站聚集了客流，除交通功能外必然伴随着一些商业服务的功能需求。处理车站客运和商业服务两类功能关系的问题上，我国的火车站一直主辅分明，引入其他功能较为克制。从第一代客站中的北京站开始，大型客站配备了少量小卖部、书报、邮电、餐厅和中转旅客长休室等；后来第二代客站中的杭州站、沈阳北站等搞了多种经营，商业、旅馆占据了较大的体量。北京西站的地下通道一度还成为密集的小商品经营场所；新世纪高铁发展初期，第三代客站开始是排斥过多商业进入的。北京西站整改时把过去做的地下商业街全部都拆除了。北京南站的设计之初也没有考虑商业功能，后来又经历过增补、泛滥、整改的过程，成为今天我们看见的样子。第四代铁路客站要考虑服务与经营之间的均衡，力图解决车站自身造血问题，所以提出要做功能复合型车站。

"铁路＋物业"的形式，在日本和中国香港地区做得比较成功。在我国内地还是个新事物，我国幅员辽阔、地区经济差异大，境外模式特点可以借鉴，但不能完全照搬。可借鉴的是其中的成功规律。例如经济发展达到一定程度，土地稀缺，人口稠密，轨道交通发达、通勤比例大等，都为车站复合功能开发提供了较好的前提，应不失时机地结合当地城市更新或新区建设开展铁路客站综合开发策划。2013 年起，国务院、发改委、相关部委、各省市地方政府，相继出台了鼓励在铁路客站建设同期，在毗邻车站区域和铁路用地红线内进行综合开发的文件政策或实施意见。这些措施的落实会进一步加快催生新的功能复合型车站的出现。

2.4　生态结合

"绿水青山就是金山银山"，以绿色生态观念建设铁路客站，树立节能环保、安全耐久、美观经济、舒适宜人的客站建设意识标准。当代铁路客站及所属设施必须安全、耐久，是四节一保的绿色公共建筑的典范。并给所在区域及周边带来的是环境的改善，土地价值的升高。站区是人们向往的高尚宜居的城市区域。

2.5　智能统合

以移动互联网、物联网、云计算和大数据等新技术为核心，打造"智能车站"和智慧交通，利用先进的信息技术，以满足旅客出行需求为核心，优化整合服务资源，实现车站智慧式管理和运行。利用先进的智能技术解决信息精准、换乘便捷，以及安全、疏散、反恐等各种难题，让旅客轻松享受无感安检、智能化出行新体验，满足人们对美好生活的更高向往和需求。

3　源于交通超越交通的新时代客站

以上大致梳理了我国铁路客站的发展沿革和站城关系的演变过程。提出了新一代铁路客站的设计需求和发展方向。可以认为，未来客站的最重要的需求特征应该是车站城市属性的增强和站城协同融合发展。以下结合近期的设计实践，着重阐述我们在站城融合方面的一些思考以及具体的创新做法。

3.1　设计理念和标准的更新

新时代的铁路客站要有理念或者理论上的创新，要配套更新标准规范、创新制定效率的量化指标、建立客站的评价标准。这方面应该有很多工作和课题，等待着研究和思考。

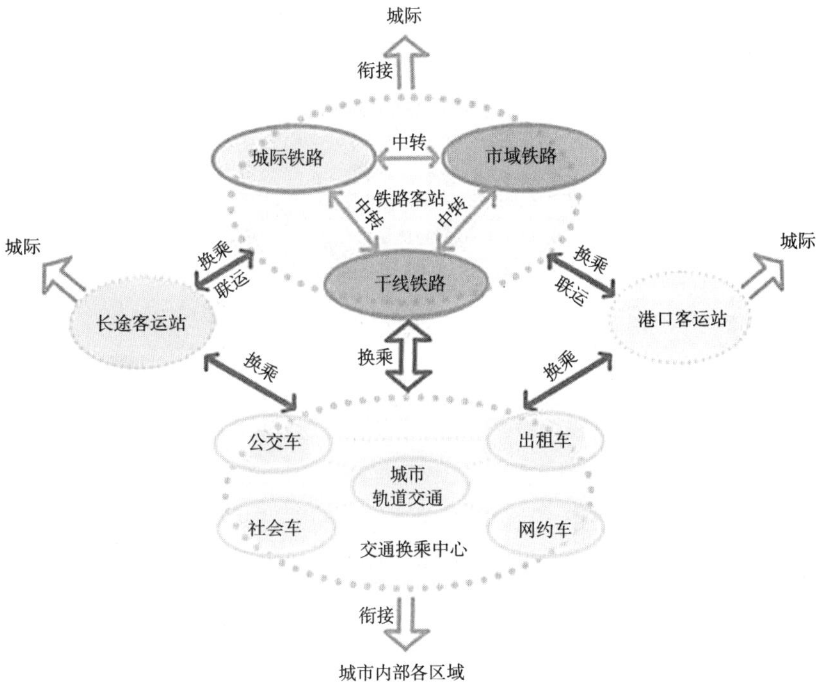

图 8　综合客运枢纽概念图

例如，站城融合首先要立足于交通的融合，但仅仅把各种交通集结在一起是不行的。大型的现代化铁路站应是综合客运枢纽（图 8），是一个综合交通体。所以必须建立完善的一体化标准，做到"准确预测、系统整合、匹配衔接、进出通畅"。而现在铁路、长途客运、地铁以及民航之间的综合换乘，尚没有统一标准。设计因人而异、标准因地而异，规模、统计的口径不统一。这样可能造成立项、投资的空白或者空间设施的重复浪费。各种交通方式之间的通信、票务、信息、标识等，目前也没有完善的一体化标准。

再如，量化综合客运枢纽的效率指标和评价标准，可以提高枢纽整体的效率，避免换乘设计得不合理，无意识地抬高旅行时间和成本。我们注意到近期国家发改委《关于打造现代综合客运枢纽提高旅客出行质量效率的实施意见》中，提到了换乘距离不超过 200m，换乘时间不超过 3 分钟等，这些就属于量化的标准，应进一步充实完善并得到落实推广。

3.2　交通换乘中心设计实践

在南昌东站的设计中，我们尝试采用了以交通换乘中心（图 9）取代站前广场的布局方式。由于南昌东站位于城市的最东端，城市交通配套衔接偏向于

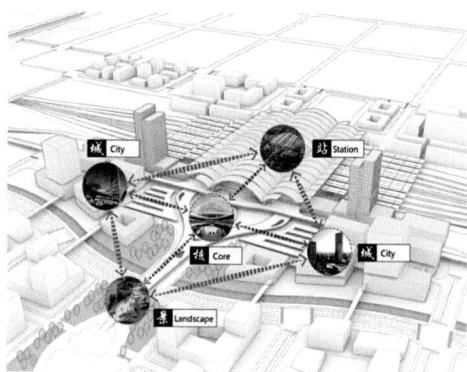

铁路站房的西侧。多数铁路旅客下站台后向西出站疏解，为在西侧结合地铁布置设置集中的换乘中心创造了条件。围绕换乘中心玻璃中庭，集中布置了三条地铁车站、出租车上客点、社会停车场、公交站点，形成明亮宽敞、导向清晰的，步行连续风雨无阻的立体换乘空间。而枢纽的换乘中心也成为区域的城市核，将站、城、景联系融合在了一起（图10）。

图9 南昌东站交通换乘中心（左）
（图片来源：铁四院设计联合体）
图10 南昌东站站城关系图（右）
（图片来源：铁四院设计联合体）

3.3 城市客厅

城市客厅的概念，是在现有实名安检的情况下，为解决站城融合度避免"城市孤岛"现象而提出来的。在现有管理体制下，站和城之间需要一个媒介，一个混合功能的亦站亦城的空间，先把远道而来的旅客先请进来，不要让他们堵在门外被日晒雨淋。因为最简单的办法是把入口前移，安检后置，缩小安检的范围，上下共享服务丰富，既提升了体验又增加了效率，相当于传统站房（图11）前面增加了一个综合性的过渡空间（图12）。

城市客厅不在于用什么形式，也不在于规模大小，更不在于名称是否叫"城市客厅"这四个字，而在于对现状问题的破解，它应该具备以下特征：

（1）无风雨
（2）无安检多点自由进出
（3）提供商业服务
（4）枢纽标志性空间

常德站（图13）和南昌东站（图14）的城市客厅是一个多层贯通的入口大厅；合肥西站（图15）的城市客厅是一个恢弘的入口灰空间；而杭州西站（图16）的城市客厅则是以云门的形式出现的。

图11 传统广厅进站概念图

图12 城市客厅概念图

图 13 常德站
（图片来源：铁四院设计联合体）

图 14 南昌东站
（图片来源：铁四院设计联合体）

图 15 合肥西站
（图片来源：铁四院设计联合体）

图 16 杭州西站
（图片来源：铁四院设计联合体）

3.4 弹性设计

白云站是广州市五主三辅中的主要客站。以普速为主，兼顾高铁和城际，城市配套交通设施、地铁、城市道路和上盖综合开发一体化设计，总建筑面积约 72 万 m²。为适应白云站普速铁路季节性客流不均匀、等候时间长的特点，我们将白云站枢纽主体设计成"方—圆—方"的图底关系布局，方圆之间引入两个功能灵活可变的呼吸广场，很好地解决了站城融合"度"的把握问题。

白云站的呼吸广场，赋予站房一定的弹性设计，以达到功能灵活、容量可变的目的。平时呼吸广场可以做成展演和商业空间使用，春运的时候，旅客在这里排队候车，可以不经过原候车室，直接检票进入站台。相当于瞬间把高架候车室扩大到 3 倍的容量（图 17）。

图 17 广州白云站
（图片来源：铁四院设计联合体）

3.5 接驳方式创新

铁路客站主体与其他交通方式的接驳方式，尤其是与道路交通中小汽车的进站接驳，对客站总体布局有较大影响（图 18）。

"端部进站"和"腰部进站"是我国高铁客站目前的两种主流方式，各有其优缺点和适应性。端部进站简明经济，候车室利用率高。但机动车道对站城间有所分隔，而且站台数量较多时流线较长；腰部进站落客车道边长，直接将旅客送到站台的中部，减少步行距离，适合拥有超大型站场的枢纽客站。但由于进候车室与下站台在同一侧面，流线不够清晰。检票排队距离受限，面积需求较大。站场高架时选用腰部进站方式车道提升高度较高。

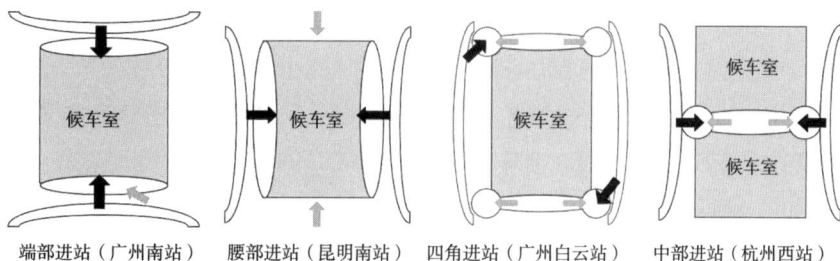

图 18 火车站与其他交通接驳方式概念图

端部进站（广州南站）　腰部进站（昆明南站）　四角进站（广州白云站）　中部进站（杭州西站）

　　白云站把城市的交通配套设施对应设置在客站四角，创新设计出一种兼具以上两种方式的优点的"腰部落客、四角进站"的布局方式（图19），丰富了铁路客站的进站交通接驳类型。

　　而杭州西站根据站台数量多站场进深大以及轨道交通难以兼顾两端的问题，将并列的两个站场拉开28米的间距（图20）以设置"交通谷"（图21），首创了一种"中部进站"的全新布局。是继上海站高架候车、武汉站桥建合一、福田站地下高铁以及丰台站立体站场之后，又一次通过铁路站场

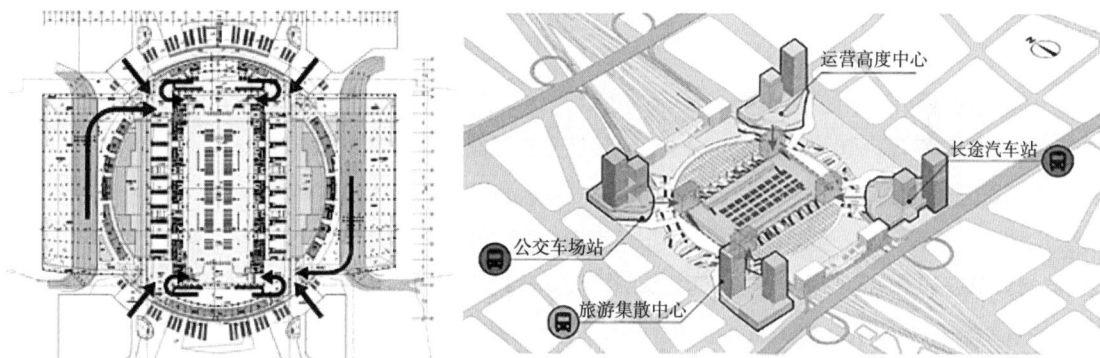

图 19 白云站腰部落客四角进站
（图片来源：铁四院设计联合体）

图 20 杭州西站站场拉开中部进站
（图片来源：铁四院设计联合体）

图 21 杭州西站中部进站云谷空间
（图片来源：铁四院设计联合体）

的变化实现铁路客站形式重大创新的实际案例。这种设置"中部交通谷"的站型，将枢纽主要交通内缩在站场范围内，并沿铁路线方向布置，激活了以往低效和难以利用的铁路站场咽喉区下部的空间价值，有效释放了铁路客站与城市相交界面的空间的自由度，非常适合站城融合的 TOD 规划设计布局，是一种全新的、具有很好发展前景的特大型铁路客站布局形式。

3.6 提升体验和安检互信

避免城市孤岛，构建完善的连接城市的可回流步行系统，使枢纽可达、可入、可穿越，并适应全天候效率出行，努力提升旅客出行体验，是新一代铁路客站需要解决的重要问题。

对于效率和体验感，这是两个绕不开的此消彼长的矛盾问题。

服务"以人为本"和安全"以人为患"的不同思维导致两种完全相反的做法，加大社会成本，效果互相抵消。这值得我们进一步权衡，探讨综合性解决方案。

目前国内铁路客运系统和城市轨道交通都实行进站人员及携带品安检核查制度，铁路还多了一套实名验证手续。这给设计带来了很多制约因素，较国外类似项目需考虑的问题复杂得多。不同交通方式安检互信和站内中转旅客避免二次免检，这里有很多文章可做。南昌东站和深圳西丽站的设计中我们都尝试通过建筑布局创新，而非牺牲空间活力简单扩大安检范围的方式，实现了高铁、地铁、城际铁路站之间旅客的免安检换乘，并保证城市人行的自由沟通和空间可达性，对促进站城融合具有重要意义。

当然，我们更寄希望通过科技的进步，用人脸识别无感通过、大数据风险预判等现代人工智能技术来根本解决这些难题，早日实现真正的智能建筑、智慧客站。

3.7 融入城市生活的活力空间

新一代的铁路客站要逐步增强其城市属性，让枢纽成为融入城市生活的活力空间，而不仅仅是持票旅客的过路场所。

长期以来，基础设施建设和人性化生活空间打造少有交集，或者说交通建筑从没有像今天这样与城市的生活密切相关。很少有建筑师会把满足旅客安全、高效、愉悦的出行需求与创建一种适应时代发展和令人向往的全新生活方式结合在一体进行思考。而今天的站城融合一体化开发就对设计者提出了这样的要求。

站城一体化开发项目在中国遇到的挑战之一是全球最发达的电商系统环境对线下实体商业带来的冲击。网络已经深深改变了中国人尤其是最具活力的青年人的生活习惯。所以我们的车站热闹而不繁华，较难像欧洲日本车站那样以零售商业聚集人气。因此车站开发也应做出调整，多提供差异化服务、目的性商业、市民政务服务以及网络难以替代的面对面体验和交流服务。设置宽敞而舒适的自由空间，增加餐饮、文化、培训、演艺空间业态比例，以适应人们的社交需求，使"交通空间"向"交往空间"转化。

在杭州西站、广州白云站的设计中，我们都有意加入了诸如呼吸广场、阶梯花园、文化设施等活力元素（图22），希望丰富车站使用人群，增加枢纽的吸引力和人气。

3.8 打造中国第四代铁路客站标杆

铁路客站源于交通基础设施的需求，作为重要的民生工程，面对今天的中国转型发展的问题，新时代铁路客站要超越交通功能，承担新的时代使命。深圳作为中国特色社会主义先行示范区，西丽枢纽的建设为我们提供了一次很好的创新实践机会。

深圳西丽枢纽（图23）是我国首次路地双方在规划之初就达成整体最优一体化开发合作共识的铁路综合客运枢纽，致力于打造中国第一个真正的

图22 白云站、杭州西站打造活力空间（左）
（图片来源：铁四院设计联合体）
图23 深圳西丽枢纽整体鸟瞰图（右）
（图片来源：铁四院设计联合体）

TOD4.0 的站城融合标杆工程。站房面积 12 万 m^2，枢纽面积近 80 万 m^2，核心区开发面积达 189 万 m^2。

设计以人的活动为中心，以"促进共赢之纽带，焕发西丽之新生"为概念。枢纽道路交通与开发交通分离、快速交通与慢速交通分离。小车腰部进站、地铁光谷引导。上进下出为主，辅以下进和上出流线。国铁、地铁、城际无缝衔接、安检互信。铁路站台最大化地引入自然光线（图 24），设置上出系统兼顾站台消防疏散需要与东西开发联动（图 25）。

枢纽及开发街区都将致力于以人为主角的公共交通城市的实现，形成双赢的站城开发；通过政府、铁路、地铁的联合开发模式，实现真正的站城一体化。

在西丽站设计中，我们以轨道 + 步行为主体，进一步将轨道分担率提高至 80%，片区内形成"智慧小公交 + 步行"的活力慢行街区，重构地区路网。枢纽上盖的城市生态公园，鸟瞰呈沟通南北、连接东西的纽带形态，象征西丽枢纽是促进共赢、跨越时空，连接人与人、人与社会、人与自然的纽带（图 26）。

西丽枢纽的综合开发，首次提出模糊红线概念，争取整体效果的最优和效益的最大化。将铁路站场上方的容积率转移到周边地块，额外获得一个城市

图 24 地下站台层引入自然光线（左）
（图片来源：铁四院设计联合体）
图 25 站台端上进系统兼顾消防疏散（右）
（图片来源：铁四院设计联合体）

图 26 活力慢行街区
（图片来源：铁四院设计联合体）

图 27 上盖城市生态公园
（图片来源：铁四院设计联合体）

生态公园，不仅改善环境、提升土地价值，也降低了开发难度和成本，以确保铁路按期开通（图 27）。车站附建开发具有弹性布局，空间相连，可分可合；兼容站内、站外商业功能以及商业、候车功能转换。

上盖生态公园、南北下沉广场、东西呼吸广场、高架桥下低线公园，共同构成了充满魅力的城市活力空间。动感天际线、标志性超高层、屋顶生态绿洲、文化设施的引入，使这里成为一个与以往完全不同的以高铁站为中心的综合交通枢纽。

4 结语

交通的本质目的，是运用技术手段，克服时间和距离的障碍，最大限度满足人们点到点之间的移动需求。交通建筑本是为解决人们的时空问题而生。"站城融合"使枢纽成为时空连续体，创建了一种现代交通建筑和城市枢纽的"工作－生活－文化"一体化的新城市形态。

注：图 1、图 2 来源于网络资源，文章发表时未能及时与原作者取得联系，若涉及版权问题，敬请原作者联系邮箱 tsysheng@126.com，谢谢！其他所有图片除注明外，版权为作者所有。

参考文献

[1] 魏志达 . 上海铁路新客站 [J]. 建筑学报，1988（06）：2-7.

[2] 盛晖 . 站与城——第四代铁路客站设计创新与实践 [J]. 建筑技艺，2019（07）：18-25.

[3] 中铁第四勘察设计院集团有限公司＋日建设计＋华南理工大学设计院＋广州规划院联合体 . 广州铁路枢纽新建广州白云站初步 [R]. 2020.6.

[4] 中铁第四勘察设计院集团有限公司＋筑境设计联合体 . 杭州西站设计方案研究 [R]. 2018.11.

[5] 中铁第四勘察设计院集团有限公司＋GMP＋联创设计联合体 . 南昌东站初步设计 [R]. 2020.8.

[6] 中铁第四勘察设计院集团有限公司＋AREP联合体 . 常德站方案设计 [R]. 2020.1.

[7] 中铁第四勘察设计院集团有限公司＋同济大学设计院联合体 . 合肥西站方案设计 [R]. 2019.1.

[8] 中铁第四勘察设计院集团有限公司＋株式会社日建设计＋深圳建筑设计研究总院＋深圳交通规划研究中心联合体 . 深圳西丽站概念设计方案 [R]. 2020.9.

铁路客站与城市融合发展的实践和思考
Practice and Thinking of the Integration Development of Railway Passenger Station and City

金旭炜
中铁二院工程集团有限责任公司；jinrock99@126.com
Jin Xuwei
China Railway Eryuan Engineering Group.Co., Ltd.

摘 要：中国城市化与综合交通进入高质量发展的新阶段，以城市新建和改建客站为核心的站城融合发展成为助力城市更新、推动城市升级的新动能、新热点。本文以重庆轻轨李子坝站、成渝高铁沙坪坝站城市综合体和重庆东站规划设计实践为例，分析了铁路客站站城融合的发展特点和规划要点。提出站城融合是城市发展与综合交通发展的互动过程，站城融合是"人－交通－城"发展关系的具体体现，站城融合实现源于站城功能需求和站城空间特质的契合。

关键词：站城融合；综合交通；站城功能；空间特质

Abstract：China's urbanization and comprehensive transportation have entered a new stage of high-quality development. The integrated development of station and city centered on the newly built and rebuilt passenger stations in the city has become a new driving force and new hotspot to promote urban renewal and urban upgrading. This paper takes the planning and design practice of Chongqing Light Rail Liziba Station, Chengdu-Chongqing High-speed Railway Shapingba Station City Complex and Chongqing East Station as examples to analyze the development characteristics and planning points of the integration of railway passenger station. It is proposed that station-city integration is an interactive process between urban development and comprehensive transportation development and a concrete manifestation of the development relationship of "people-traffic-city". The realization of station-city integration comes from the combination of station-city functional needs and station-city spatial characteristics.

Keywords：Station-city integration; Comprehensive transportation; Station-city function; Spatial characteristics

1 站城融合是城市发展与综合交通发展的互动过程

"站城融合"是城市发展模式与交通方式互动的状态与过程。从城市发展的历史维度看，交通基础设施始终是城市化进程的重要推动力和影响要素。综合交通的发展在城市层面，对城市空间、城市产业、城市经济和城市发展方向都有着深刻而具体的影响。古代内河船运是最重要的交通方式，古老的城市因而大都傍河而生。18世纪的海运时代的兴起，全球化的海洋运输带来了港口城市的蓬勃发展并壮大延续至今。19世纪铁路时代到来将经济与人口向内陆延伸，城市化进程得到迅猛提升。汽车交通的普及使得城市的边界不断扩张，郊区化、多中心的城市发展模式开始兴起。随着城市越来越庞大、大城市病成为影响城市运行效率的顽疾，轨道交通、高铁与航空的综合交通发展使得大都市圈、城市群的发展模式成为世界城市发展的主流。在交通与城市互动发展的历史中，人与城市、站与城市的互动关系也在发生着变化。站城融合在不同的综合交通方式下、在不同城市发展阶段呈现出不同的状态。

在普铁时代，车站是城市经济和功能发展最重要的核心之一，在大多数城市的重要枢纽车站，依托铁路辐射功能发展出非常繁荣的商贸、商业、商旅、餐饮、住宿、交通配套等功能，站城在一定的区域范围中实现功能的协同。例如广州站周边专业批发市场高度聚集，区域内商业、商贸配套设施齐全，是面向全国的重要商品集散基地（图1）。成都站周边形成以荷花池批发市场为代表一批商贸功能，其规模、效益均居我国西部集贸市场之首，成为中国西部最重要的商品集散地（图2）。但是随着城市的扩张发展，车站区域在城市中的区位关系、交通适应性不断变化，这种站城关系已不能适应城市发展和功能提升的需要。新的综合交通条件、城市发展规划和人的生活方式改变对站城融合、城市功能、产业形态提出新的要求，站城融合模式也将以全新的形态呈现。

从日本京都站的建设发展历程也可以看出站城融合的影响因素和发展脉络。京都站历史上新建了四次，1952年第三次重建时呈现出站城协同的状态是现代主义的站房和站前广场相结合的形式，汽车为主的交通方式在一定程度上限制了车站空间的布局以及站城功能的聚集度。现在看到的站城高集成度的京都站重建于1997年，新京都站连接了新干线、三条城际铁路以及市区的南北地铁线，车站定位为日本东京都市圈最大的观光和通勤的车站之一。正是基于城际铁路和地铁线带来的巨量通勤、短途客流以及观光人流，车站成为巨量客流的交汇点，带来巨量的城市生活功能需求。因此，京都站采用将车站与多功能城市综合体紧密结合的站城融合模式。而在日本非都市圈城市的车站，由

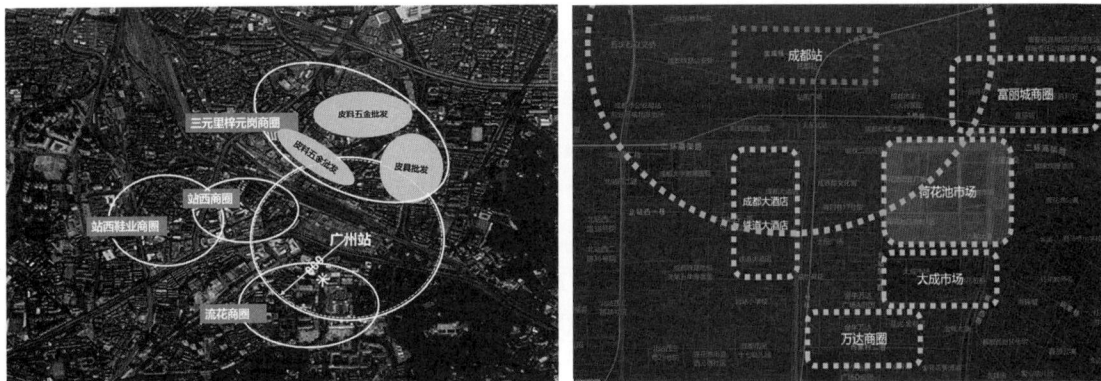

图1 广州站城市功能（左）
（图片来源:《广州站站改方案研究》附图）
图2 成都站与荷花池市场现状（右）

于客流的需求更趋向于以交通乘车为主，我们也会看到车站一般只附加必要的服务功能，多以更加简约的形态出现。

2 站城融合是"人—交通—城"发展关系的具体体现

城市轨道交通 TOD 模式和铁路客站站城融合模式是不同交通方式影响下人与城市相互关系的体现。两者的相同点在于都是基于以交通站点为核心的城市发展形式，但铁路客站站城融合和城市轨道交通 TOD 在客流需求和生成机理上存在很大的差别。轨道交通 TOD 是通过城市内部交通与城市功能的融合来解决人与城市的关系，而铁路枢纽站城融合更多是城市对外交通与城市发展的关系体现，其产业构成、规划范围大大超过城市 TOD 站点的圈层概念。在铁路枢纽站城融合中，由于高铁网络在时空距离、辐射影响范围方面的影响，公共交通和多种交通方式的高度集聚，铁路枢纽站城融合不仅仅服务于城市内部客流，更要服务于城市外部客流的需求。

铁路枢纽站城融合的模式取决于复杂的社会、经济、交通和环境条件的制约和相互影响。研究车站与城市功能结合的方式需要综合考虑城市化的水平、城市群之间的协同关系、城市经济发展的水平，城市综合交通发展的水平以及客流构成消费的方式习惯，也包括车站的管理模式、车站运营要求的一系列的因素。随着我国城市进程的不断推进，多层次交通网络逐步完善，城市综合交通体系服务水平越来越高，站城关系也将趋向于更加紧密协同的融合发展方向。

客流特征和客流构成是铁路客站站城融合功能构成的基础。普铁时代以长距离为主的客流主要倾向于住宿、商贸等城市功能。随着高铁、城际铁路和

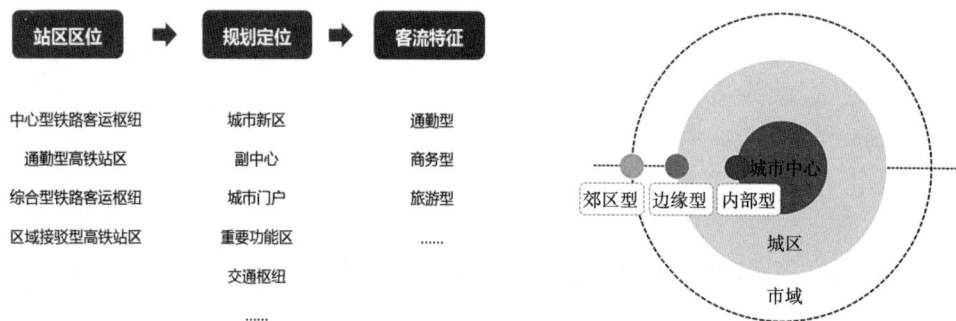

图 3　车站特征示例（左）
图 4　车站与城市区位关系特征（右）

市域铁路的发展，短途客流逐渐增多，通勤、商务和自由出行客流占比越来越大。对于中心城市、都市圈卫星城市、产业型和旅游型等不同定位的城市，铁路客流的构成特征和需求也不相同（图 3）。

　　站点与城市的区位关系对于站城融合的发展研究也是重要的影响因素之一。位于城市中心区附近的内部型站点，本身土地价值高，同时受周围城市核心区影响较大，外围层面迅速形成配套服务措施，且与周边交通联系方便，土地价值提升快，但会受到土地发展潜力和原有的城市规划的影响。位于城市周边的边缘型站点周围多是城市建设用地，与城市联系较为紧密，通过主要干道与城市区中心相连，土地开发强度较为适中，有可能发展成为城市的副中心。而距城市较远的郊区型站点周围既有土地开发密度比较低，土地利用强度低，城市空间扩张开发潜力大，但也存在开发时序过长的问题（图 4）。

　　铁路线路跨越多个城市圈、城市带，深刻影响着城市群之间的空间与协同关系。因此，铁路的站城融合发展不仅仅需要研究城市内部，更在于研究城市群的关系。对于沿线不同定位的城市而言，由于城市的产业结构和发展阶段不同而差别很大。站区融合发展要结合铁路运输特点和城市发展定位进行差异化规划，将产业链、业态组合、城市优势资源、铁路运输的核心优势等结合，打造符合城市特色优势资源，多元复合的业态集群。

3　站城融合实现源于站城功能需求和站城空间特质的契合

　　站城融合的关键基础是交通融合，而站城融合的具体形式需要综合考虑客流的功能需求和站城之间的空间特质。站城融合不是简单的借鉴和模仿，中国有几百个城市上千个车站，每一个车站和城市的自身特点以及相互关系各不相同。不同的城市不同车站条件各有不同，站城融合也必然是多样化的状态。本文以作者本人在重庆参与的几个项目实践为例，进一步探讨站城融合在具体环境下的不同生成逻辑。

重庆轻轨李子坝站是国内首例轻轨车站与城市建筑一体化建设的案例。项目于 1998 年开始规划设计，2004 年建成。"轻轨穿楼"的网红现象也体现出李子坝站项目自身浓烈的 TOD 特征（图 5）。

李子坝站位于滨江山体一侧，轻轨线路和站台略低于上方桂花园路，距下方的李子坝路高度 24 米，从车站功能需求角度需要在空中设计轻轨的站厅和站台层，因此在站台下方利用车站结构做了多层的商业、办公功能和从李子坝路进入上行到车站的交通空间。由于重庆特殊的地形，从上方的桂花园路来看，站厅层屋面和道路标高接近，从桂花园可以非常方便地到达站厅屋面，因此在站厅之上又规划了 11 层的住宅（图 6）。从设计思考的过程可以看到，"轻轨穿楼"这一有趣的车站综合体形式的形成是在充分研究轻轨车站功能、客流需求和重庆市独特的山地空间特点并将其与多维城市功能相结合而得。

图 5　重庆轻轨李子坝车站实景

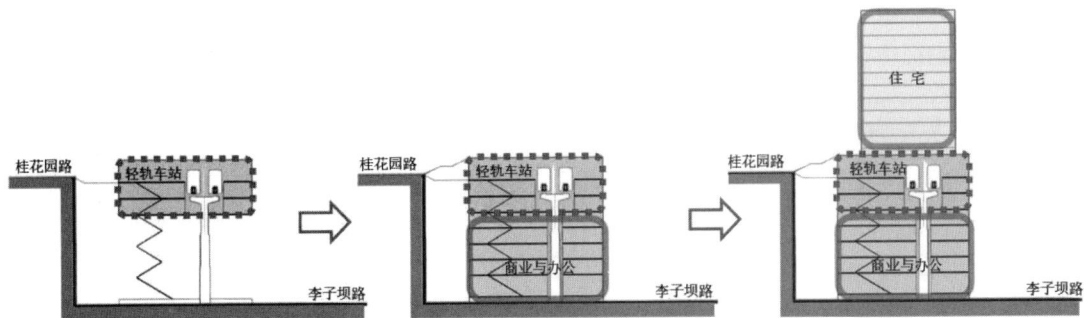

图 6　重庆李子坝车站综合体设计概念

第二个项目是于 2020 年底整体建成的重庆沙坪坝站上盖城市综合体。沙坪坝站是成渝铁路的既有站，随着城市几十年的发展，车站从过去城市边缘型车站变成位于城市核心区，线路和车站与沙坪坝核心商业区紧邻（图 7），对城市空间割裂严重，制约城市进一步发展的空间（图 8）。在研究沙坪坝车站改造之初，我们发现线路和站场低于城市广场标高，利用这一有利条件，设计提出采用站场上盖平台的方式解决人的通行，将被铁路隔断的城市南北缝合连接，从而获得新的城市空间（图 9）。沙坪坝站是成渝之间高铁的重要节点车站，客流以成渝之间以及沿线城市的客流为主。站场上盖后的城市空间紧邻沙坪坝核心商业圈，既有商圈急需提档升级，扩大商圈服务能力和水平。功能与空间特征相结合，于是在站城融合形式上规划提出高密度一体化进行综合开发的策略。

通过站场上盖与物业开发相结合，将站房纳入整个枢纽城市综合体中，盖下利用地下空间和轨道交通相结合形成集铁路客站、轨道交通、公交、出租和社会车辆等多种交通的综合换乘空间，地面和盖上结合建设景观广场、大型集中商业、多功能高层建筑群，引入商业配套服务设施、展览、办公、酒店、公寓、公共活动空间等城市职能。其中盖下建筑规模约 25 万 m²，盖上建筑规模约 48 万 m²（图 10）。

高密度的站城融合开发体现了对城市空间的集约化立体利用，但进出站人流和城市人流的叠加给站区和城市交通带来的巨大的压力。因此，站城融合的关键点仍然在于要建立更加高效便捷合理的综合交通体系。在项目交通

图 7　沙坪坝车站与城市的关系图（左）
（图片来源:《重庆市沙坪坝铁路枢纽综合改造工程可行性研究》附图）
图 8　沙坪坝车站原貌（右）
（图片来源:《重庆市沙坪坝铁路枢纽综合改造工程可行性研究》附图）

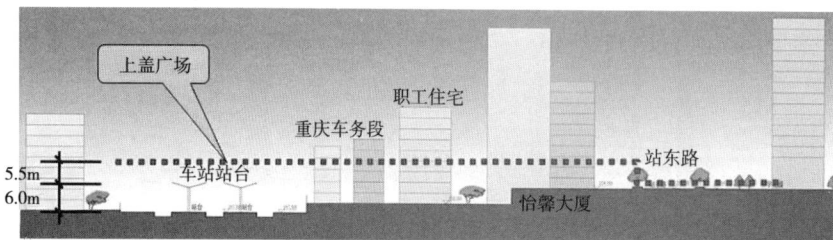

图 9　沙坪坝地形与上盖关系示意图

规划中：一方面从城市区域交通入手建立立体分流、快慢结合的道路交通网络，通过地下道路解决多方向疏散，避免核心区形成瓶颈。另一方面将综合体和车站人流与三线地铁换乘站无缝衔接，吸引客流选择大能力轨道交通系统出行。利用上盖平台形成与城市多方向的人行广场和慢行系统，既为综合开发带来流量，也为车站服务区域旅客提供了便利的出入条件，实现"绿色出行"。

沙坪坝站的实践为国内在城市核心区采用站城融合模式改造既有站提供借鉴和示范。新型车站综合体为旅客和市民呈现出更加丰富而全新的城市交通生活场所，完善的公共交通使沙坪坝车站不仅仅服务到城市区域，辐射重庆全境，更吸引高铁沿线旅客在车站就能体验到全方位的城市生活内容。

第三个项目是中铁二院与同济大学建筑设计研究院联合体正在规划中的重庆东站站城融合枢纽。重庆东站位于重庆市东部槽谷的茶园新区，背靠樵坪山。线路位于城市靠山一侧通过，西侧与城市规划区相连。在车站枢纽站城融合规划中结合背山面城的环境特点和高架站场的空间格局没有在车站采用高密度上盖开发的模式，而是突出了"链接"的策略，将车站与城市无缝衔接（图 11）。在站区着力解决特大型车站复杂的综合交通转换，以轨道交通站点为纽带，通过复合功能的交通中心将车站与城市紧密的"链接"在一起，实现车站与城市的共兴共生。

重庆东站枢纽规划的主要特点首先是在站区进行高集成度的功能融合，车站枢纽综合体包含了站房客运功能、交通集疏功能、车站生产管理和配套设施、城市管理和服务设施、旅客服务和商业、商务等综合服务功能，形成车站功能＋综合功能＋城市服务｜铁路配套＋公共空间的高度整合。

第二个特点是高集约度立体交通融合。利用铁路与地面的高差，将所有换乘交通方式在线下空间进行立体布局，将地铁、公交、旅游集散大巴、出租车、社会车辆、网约车和人行换乘空间集聚整合，形成线下五层、线上两层的

图 10　沙坪坝站城市综合体鸟瞰图（左）
（图片来源：龙湖集团提供）
图 11　重庆东站区位与站城关系示意图（右）
（图片来源：《重庆东站站房及配套综合交通枢纽工程实施方案》附图）

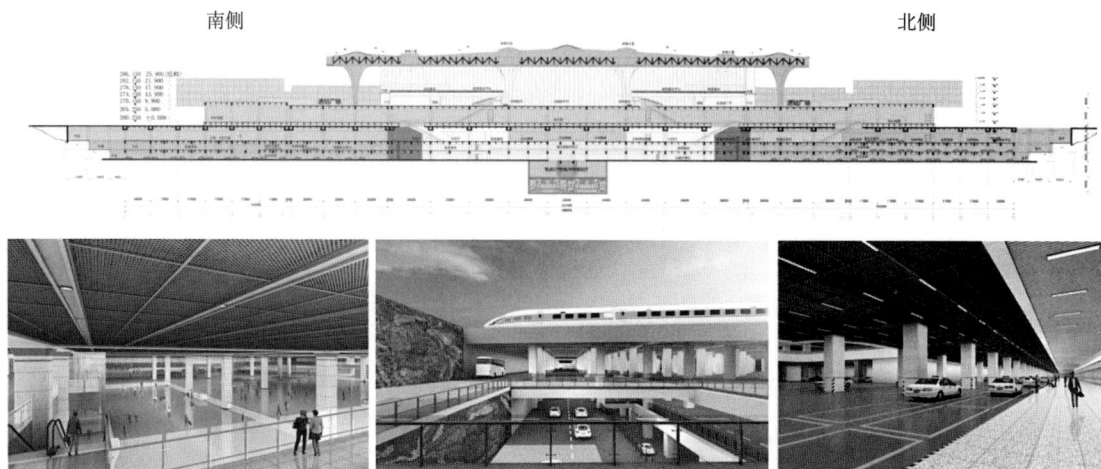

南侧　　　　　　　　　　　　　　　　　　　　　　　北侧

高度集约的立体交通枢纽。这样一方面缩短了换乘距离方便旅客，另一方面可以将站外空间全部留给城市功能，为站城融合留下充分的发展条件（图12）。

　　第三个特点是以公共动线为核心布局城市功能实现站城链接。在车站里以候车空间为中心布局的是服务进出站旅客的服务设施；面向城市一侧以交通中心为中心布局服务旅客和作为城市目的地的多功能综合体，通过这个"心"将车站与城市以及东西南北不同的方向轴线进行衔接（图13），打造"没有广场的车站"。

　　第四个特点是在项目建设运维全生命周期内多维度融合的机制和挑战。站城融合需要新的建设和管理机制来保障完成，重庆东站以"统一设计、统一审批、统一建设、投资分摊、分层确权"为原则探索路地协调的创新机制。在运管融合方面，采用物联网、5G等技术，通过智能交通、智慧车站、智能消防、智能安防、智能建筑、智能维管等数字化技术建设适应高集成度枢纽的智慧枢纽，为站城融合保驾护航。

图 12　重庆东站立体交通枢纽示意图
（图片来源：《重庆东站站房及配套综合交通枢纽工程实施方案》附图）

图 13　重庆东站交通换乘中心与城市客厅
（图片来源：《重庆东站站房及配套综合交通枢纽工程实施方案》附图）

4 结语

　　站城融合是交通与城市在新时期实现高标准、高质量建设目标的新课题。研究站城融合应该建立在对城市、交通、经济、社会综合可行性论证分析的基础上，充分研究城市规划、综合交通、客流构成和需要，做好项目策划，才能实现畅通的车站枢纽交通功能与可持续的城市功能之间融合、健康、智慧发展。可以预见，随着综合交通体系和城市化的发展，车站必将以更加开放性的形态融入城市生活，将集约化融入城市功能，将立体化融入城市空间。